苫米地英人コレクション

07

# 人を動かす［超］話し方トレーニング

## 劇的な成果が手に入る驚異の会話術

苫米地英人

# まえがき

本書を手にしたあなたは、おそらく「話し方」について、何らかのコンプレックスや問題意識を抱いているのでしょう。自分は「話し下手」だと思っていたり、「話し下手だから、自分を上手に表現できない」とか、「もっと話が上手になれば、自分をアピールできて、人生がいい方向に向かうのではないか」「話がうまくなり人を動かすことができれば、夢がかなうはず」などと思っているかもしれません。

ただ、私からすれば、本当の意味で「話し上手」な人には、ほとんど会ったことがありません。日本人においては皆無と言ってもいいでしょう。「自称話し上手」とか、「自分は話し上手だと根拠なく思っている人」にはよくお目にかかりますが、誰もがうなずくような上手な話し方ができる人はいません。

あなたは自分が「話し下手」だと思っているかもしれませんが、全員下手なのですから、特別に卑下する必要なんてまったくありません。これから上手になればいいのです。本書はその手助けができると自負しています。

先ほど、「話し上手な人には会ったことがない」と書きましたが、なぜかと言うと、日本人で論理的に話ができる人がめったにいないからです。**饒舌だったとしても、結局、何が言いたいのかわからないような話し方では、とても上手だとは言えません。**

世の中には「話し方」に関する本があふれています。しかし、論理的話し方をしっかり教えている本は、私の知る限りありません。また、多くの「話し方本」は、一義的に「こう話せば必ずうまく話せる」という指導をしています。「マニュアルどおりに話せば、誰でも上手に話せます」と言っているかのようです。

ですが、私が話し上手な人に会ったことがないという事実を考えると、マニュアル的に上手な話し方を暗記しても、けっして上手な話はできないことがわかります。本書ではその点も鑑み、普遍的で実効性のある話し方がしっかりと身につくように構成されています。

もう一つ、話し方で大事なことは「何のために話すのか」という目的を明確にすることです。何となく話すのでは、何となくの話し方しかできません。上司に自分の企画のすばらしさを伝えたい、自社の商品が取引先やお客さんにどれほど有益かを伝えたい、あの人と仲良くなりたい、異性に気に入ってもらいたい、結婚式で祝福の気持ちを伝えたい、スピーチで自分の主張を多くの人に理解してもらいたい。いろいろな目的がありえます。その目的があいまいでは、いい話し方はできません。

話す目的をはっきりさせると、自然にどういう話し方をすればよいのかが見えてきます。その手法についても、本書でしっかりと身につけることができます。

繰り返しますが、いまのところ「話の上手な人」はほとんどいません。本書の内容を理解し、ご自分で駆使できるようになれば、あなたは日本でまれな「話し上手」になることができます。上手な話し方で、あなたの人生を、そして世の中を切り拓いていくことを期待しています。

苫米地英人

# 人を動かす［超］話し方トレーニング　劇的な成果が手に入る驚異の会話術／目次

## 第一章 仕事と人を動かす〈論理的話し方編〉

## 第二章 人の心を動かす〈情動的話し方編〉

第三章

## 論理と情動を統合する〈究極の話し方編〉

# 序章

# あなたは何のために話すのか

## ◉はじめに

ところで皆さんは、脳機能学者で計算言語学者、分析哲学者、近年ではＰＸ２といった教育の分野や、チベット仏教カギュー派傳法大阿闍梨などの立場で平和運動を展開する私が、なんで「話し方」の本を書いたのか、不思議に思われたかもしれません。しかし私にとってはごく自然なことです。それは、脳のこともコンピュータプログラミングのことも、教育も宗教も、すべてが「言語」にかかっているからです

私たち人間が生活している空間は言語で成り立っています。赤信号で停止するのは法律という言語空間に臨場感があるからで、預金残高が一〇〇円より一〇〇万円の方が嬉しいのは経済という言語空間に臨場感があるからです。人類がもたらした最大の発明は、言語であると言っても過言ではありません。私たちは脳の思考を言葉に変換し、他者とコミュニケーションします。古代哲学のベースは人との対話にありました。コンピュータを動かすにはプログラミング言語という特殊な言葉を使います。そして教育には言葉が使われ、宗教でも言葉で書かれた教典というものがあります（もちろん、宗教には言葉で表現できない・しないものが多いのも事実ですが）。

言語と私のかかわりをもう一つ付け加えれば、私は学生時代、米国でディベートの研究を続けていました。実際に多数のディベート競技に参加し、成果を収めました。帰国後は、米国式のディベートを日本に広めようと、その活動に全国を走り回っていた時期もあります。ディベートというと、「それは相手を言い負かす卑怯な手段じゃないか」という人がいまでも多く見受けられます。しかしそれは誤った認識です。ディベートはいわば、言葉を使った論理の競技です。「論理的な話し方」という、フェアなルールに則って言葉を交わし、ジャッジに勝敗が決められる競技なのです。米国では児童教育のカリキュラムにディベートが組み込まれていますし、ディベートの方法が身についていない人は政治家にはなれません。米国では競技という形態も含めて、ディベートは一般常識として広がっています。

このように、いままで私が携わってきたさまざまな研究や活動分野のすべては「言語空間」の研究であるとも言えます。私の頭の片隅には言葉に関する本を書こうという考えがつねにあり、この本を書くにいたりました。そこで考えたのは、どのような言葉を扱うかです。言葉には、「書き言葉」と「話し言葉」がありますが、本書では「話し言葉」をテーマに取り上げます。理由は簡単です。言葉の基本は話し言葉だからです。書き言葉は、話し言葉を基に考え出されたものにすぎません。それで私は、話し言葉を「よりよくする」ための、話し方の本を書きました。皆さんによりよい話し方の技術を身につけていただきたいという思いは、「まえがき」に書いたとおりです。

## ◉「他人」への話し方と、「家族」への話し方の、二つがある

話し方の訓練をする前に、まず確認しておかなければならないことがあります。それは、あなたがこの本で話し方を学ぶ目的です。もう少し具体的に言いますと、「誰にどのような目的で話をしたいのか」ということです。

実は世間一般で「話し方」としてくられているものには、まったく異なる二種類のものが含まれているのです。ここでは、その二つを「論理的話し方」と「情動的話し方」と呼ぶことにします。

「論理的話し方」とは、文字通り、論理的に話す話し方です。詳しくは「第一章　論理的話し方編」で述べますが、主に、**相手もしくは第三者に説明したり、納得させたり、何らかの選択肢があるときにどの選択肢がよりよいかを話し合うときなどに使うもの**です。

論理的に、より正しいものと思われる答えを出すのに適していますから、ビジネスでの

会議とか、プレゼンテーションとか、政治的な政策討論とか、子どもならホームルームでの議論とか、一般的に、意思決定が伴う「話し合い」と呼ばれる場面で効果を発揮する話し方と言えるでしょう。

つまり、論理的話し方が上手な人は、話し合いでよりよい答えを見つけ出したり、よりよい選択ができたりするわけです。また、自分一人で何らかの選択をしなければならないときでも、論理的話し方を知っていれば、一人で「擬似・話し合い」をすることによって、よりよい選択をすることができるようになります。

これに対して、「情動的話し方」とは、自分の心や相手の心に働きかけるような話し方のことです。**共感、感動、好意、あるいは逆に反感、怒り、敵意といった、感情の部分を引っ張り出して、それを利用するような話し方です**。

話の内容以上に、話をするという行為、話をすることによるコミュニケーションのほうを重視する場合に使われる話し方と言えるでしょう。

友人や恋人との話とか、茶の間での家族との会話とか、結婚式でのスピーチなどがこちらに入ります。

他人、あるいは敵対する相手と話す話し方が「論理的話し方」で、家族、友人、仲間など、友好関係にある相手と話す話し方が「情動的話し方」と言い換えることもできるでしょう。

自分が話をするときに、このどちらに入るべきものなのかをしっかりと確認したうえで話をしなければいけません。なぜなら、**これら二つはけっして相容れない話し方**だからです。この二つをあいまいにしたり、ごちゃごちゃに混ぜたりしてはいけないのです。

ビジネスの場面で情をからめるのはずるい（やってはいけない）ことですし、家庭での会話に論理的な議論を持ち込むと雰囲気を壊すなどして嫌がられてしまうでしょう。

だから、「誰にどのような目的で話すのか」を、しっかりと確認しなければいけません。「誰にどのような目的で話すのか」がわかれば、「論理的話し方」をすればよいのか「情動的話し方」をすればよいのかもわかるはずです。わからないのは、ごちゃ混ぜにすることに慣れてしまっているからなのです。これからでもいいので、両者を明確に分ける癖をつけるようにしましょう。

かく言う私はよく親に、「おまえは家族と話すときも議論するように話す」と言って嫌がられました。「論理的話し方」が染み付いていたからでしょう。本音から言えば、後に述べるようにすべての話し方が「論理的話し方」であるべきだと思っていますが、われわれが人間という感情を持つ動物である以上、また話を聞く相手が不快だと思うことがあるとするなら、「情動的話し方」も全否定することはできません。

ただし、**これらを混ぜることだけはNGです。しっかりと区別し、使い分けなくてはいけません。**

もっとも、日本人の場合、「情動的話し方」は比較的やりやすいようで、上手かどうかは人それぞれですが、みな普通にやっています。それに対して、「論理的話し方」がきちんとできる人は、残念ながら、ほぼ皆無と言ってもいいほどです。

## ◉会議の場で、二つの話し方が混同されることも

これまで説明した二つの話し方は、会社の会議などにも当てはまります。会議にも二種類の話し方があるということです。

一つは「情報を提供して、的確な判断、意思決定をするための会議」、もう一つは「メンバーが仲良くなるための会議」です。もちろん、前者が「論理的話し方」をすべき会議で、後者は「情動的話し方」をすべき会議です。

私は、コーチングの元祖で自己啓発の分野での第一人者でもある、アメリカのルー・タイス氏と共同で、ＴＰＩＥやＰＸ２といったコーチングのプログラムを、彼のコーチング機関であるThe Pacific Institute（ＴＰＩ）で開発しました。アメリカ・シアトルにある

TPI本部に出向くこともしばしばですが、TPI本部では毎朝七時から会議が行われます。毎朝です。

私は九時過ぎぐらいに顔を出すのですが、そうすると参加者に「おまえは遅刻だ」「なぜ会議に出ない」という顔で見られます。あるとき、「なぜいつも会議に出ないんだ」と言われたので、はっきりとこう言い返しました。

「僕はこういう会議には出ないよ。不要だから。この会議はコンフォート（快適さ、安心感）のための会議でしょ。インフォメーション（情報伝達）のための会議でもなければ、ディシジョン（決定）のための会議でもないでしょ。もし、何か決まったことがあったら、それだけ報告してくれればいいよ」

アメリカ人でも社長や会長ぐらいになると、人恋しくなるのか、不安になるのか、やたらと会議したくなるようです。でも、それは「仲良くなるための会議」であって、「判断や意思決定をするための会議」ではありません。私とTPI本部のメンバーとはすでに信頼関係ができ上がっていると思っていますから、いまさら「仲良くなるための会議」のために、毎朝二時間も時間を使う必要はありません。

説明すると、TPIのメンバーも納得してくれました。

「たしかに私たちは、コンフォートのために会議をしていたかもしれない……」

私はけっして、コンフォートのための会議を否定しているわけではありません。ただ、**コンフォートのための会議をインフォメーションやディシジョンのための会議と混同すべきではない**ということです。

コンフォートのための会議だとわかっていれば、毎朝二時間もやる必要はないと気付くでしょうし、会議に臨むときに、いらない力みとか結論を出さなければいけないという精神的圧迫感などから解放されることでしょう。

逆に、「的確な判断をするための会議」であれば、論理的かつ正確に情報を提供して、決定権者に判断させなければなりません。

「仲良くなるための会議」であれば、ある程度の時間は許されるでしょうが（とはいえ毎朝二時間はやりすぎでしょうが）、「的確な判断をするための会議」であれば、時間も勝負のうちに入ってきます。

投資先を決めようというとき、せっかくいい判断をしても、時間がかかりすぎたために、他社に先を越されて損をしてしまうとか、状況が変わってしまって、会議前に想定したものと異なった条件で投資しなければならなくなるということもありえます。

時は金なり。ビジネスの判断というのは早ければ早いに越したことはありません。

「判断をしようという会議」で、「仲良くなるための会議」のように、相手の情動に働きかける話し方でだらだらと言い合っていては、ビジネスチャンスを逃してしまうのです。

このように、会議にも話し方と同じ二種類のものがあるのですが、**これらをごちゃ混ぜにしてしまうと、求めるべき結果を得ることができなくなってしまいます。**

## ◉本来、正しい話し方は「論理的話し方」だけ

話し方には二種類あることは理解してもらえたかと思います。ただし、先ほど少し触れたように、本来は、ビジネスや政治などの意思決定が伴う場では、「論理的話し方」だけが正しい話し方であって、「情動的話し方」はやってはいけない話し方なのです。

繰り返しますが、「情動的話し方」を完全に否定しているわけではありません。本来、話し方が問題とされる場面というのは、ほとんどが「他人」と話すときだということです。家族や友人などと話すとき、話し方など問題になりません。コンフォートのための会議でも、話し方は特に問題になりません。

スピーチの場合は、多少問題になりえますが、これも後で述べるように、話し方というよりは**臨場感の共有のほうが重要になります。**

逆に、「他人」と話をする場面、ビジネスで話をする場面などで、「情動的話し方」が出

てきてしまうのは大問題なのです。

これらについては詳しく見ていきますが、簡単な例を出すと、ある会社がA社とB社のどちらと取引するかを決めるためにコンペを行ったとします。それぞれ、自社と取引したほうが得である理由をプレゼンするわけですが、このとき、**「どちらがより感動的な話だったか」で取引先を決めるのはまずい（あってはならない）のです**。あるいは、泣き落としのような話とか、「ここで契約をもらえなかったら、私は首をくくるしかありません」というような話もまずいのです。

本当はA社と取引したほうが利益が出る（数字だけとは限りません。付加価値も含めた利益です）にもかかわらず、B社のプレゼンが感動的だったからB社と取引するとか、B社の担当者が「首をくくる」と泣きついてきたから仕方なく取引するということをしてしまうと、会社に損害を与えることになります（本来得られるべきものが得られなかったという意味を含む損害です）。

ビジネスにおいて、このようなことはけっして許されません。下手をすれば、株主代表訴訟を起こされかねません。

また、裁判において、被告の主張が感動的だったとか、被告の答弁がとても上手だったという理由で、刑が軽くなったらたいへんです。

話をするということは、相手に対して何らかの説明をしたり、何らかの判断を仰いだり、何らかのアクションを求めたりするという目的があるはずです。その場合、説明であっても、相手の判断やアクションを求めるのであっても、論理的に話すことでよりよい結果が得られるはずなのです。特にビジネスシーンにおいては顕著ですから、「論理的話し方」ができないのは致命的と言っても過言ではありません。

## ◉国際社会で、日本がなめられてしまう理由

グローバル化が進んだ現在、さまざまな分野で、日本は日本の中だけで通用するようなローカルスタンダードの変更を余儀なくされています。BIS規制しかり、会計基準しかり、「世界標準」という名の欧米標準を数多く押し付けられています。

中国に迫られ、抜かれるのは確実と言われるGDPですが、それでも日本は世界第二位から三位に落ちるだけで、経済大国であることに変わりありません。ODAだって、かなりの額を負担しています。つまり日本は、少なくとも経済的には大きな影響を世界に与えているはずなのです。

にもかかわらず、ヨーロッパの基準までも押し付けられてしまう始末です。

日本の国連に対する分担金は、国連の分担金全体の四分の一を超えており、アメリカに次いで第二位です。しかし、国連への日本の影響力を感じることはあまりありません。第二次世界大戦の敗戦国だということを考慮しても、分担金の割合にくらべて、あまりにも影響力、発言力が弱すぎではないでしょうか。

世界の舞台で、日本という国はすっかりなめられているのです。

実は、日本がなめられているのは国際ビジネスや国際政治の場だけではありません。スポーツの世界でも同様です。

日本が発祥の地であるはずの柔道ですが、国際柔道連盟の理事に日本人はいません。議決権がなく、アドバイザー的な役割の「スポーツディレクター」という肩書きの人が一人いるだけです。これでは日本がいくら「青い柔道着なんておかしい」と思っても、何もできません。

長野オリンピックで日本人が活躍したスキーのジャンプ競技やノルディック複合競技は、日本が好成績を収めた直後、背の高い欧米人に有利（もちろん、背の低い日本人には不利）になるようなルール改正が行われました。

あるいは、水泳の鈴木大地選手がソウルオリンピックで金メダルを取ると、直後に彼の得意技であるバサロ泳法に距離の規制がかけられました。

たくさんありすぎるのでこれくらいにしますが、これらも日本がなめられている証拠だと思います。

では、なぜ日本はなめられてしまうのでしょうか。

私は、その最大の要因は「**論理的話し方**」**ができないから**だと思っています。議論をする場で、まともに主張もせず、へらへら笑って「まあ、仲良くやりましょう」みたいなことばかり言っているからだと思います。日本人と話をしても、感情的な話ばかりでまともな議論にならないと思われているのです。

実際、国連での日本代表の扱いはひどいものです。スピーチの時間も非常に短く設定されています。「敗戦国が何を言うか」という感情論もゼロではないでしょうが、それよりも「日本人にしゃべらせても論理的じゃないから、聞くだけ無駄」と思われているのだと思います。

鎖国時代のように、日本の中だけでやっていくぶんには問題なかったのでしょう。しかし、世界はグローバル化し、日本でしか通用しないカルチャーでは世界に太刀打ちできないことがわかってきました。

日本は「情動のカルチャー」です。あえて言わない。「わかるよね、わかるでしょ」というカルチャー。言わないことが奥ゆかしいというカルチャーです。**論理的に説明することは「野暮」だと言われてしまう**のです。

これは、あとでも述べますが、狭い場所に多くの人がひしめき合って暮らしてきたので、説明に必要な証拠とか論法といったものが、すでにお互いに共通の意識として持ち合っていることが多かったからだと考えられます。

実際、言わなくてもお互いわかっていたわけです。そういう状況が続いていくと、あえて口に出すほうが変だということになります。なぜあの人は、わかりきっていることをあえて言うのだろうとなるわけです。もしかすると、日本という共通の文化圏の外から来た人なのではないかなどと思われて、差別されかねなかった可能性すらあります。

ところが、世界ではそうはいきません。戦いと移動の歴史を繰り返してきたヨーロッパ人たちは、相手は常に敵だと思って臨んできたことでしょう。異文化の人たちとの戦いや、異文化の人たちとの交流など、**共通の意識が何一つないような相手とコミュニケーションするためには、「論理的話し方」が不可欠**だったのです。

人種のるつぼアメリカでも同様です。何の共通点もない人たちとの話し合いは、論理だけが頼りだったはずです。

いま、日本人は日本という島国から飛び出して、世界中でビジネスを展開しています。同時に、国際社会への影響力も、さらに大きくしていく必要があります。そうでないと、国際社会にいいように利用されてしまうのです。

国際社会では、権利を主張しなければ、その権利の行使を断念したと解釈されます。権利は感情論では行使できません。理路整然と、客観的に納得してもらえるような「論理」によって行使できるのです。

日本が国際社会でいいように利用されないためにも、私たちは**「論理的話し方」を身につけなければならないのです。「論理的話し方」の習得は、国際社会で生き残るための必須条件**と言えるのです。

## ◉「わびさび」の文化を西洋式システムに当てはめてはダメ

実は、国際社会だけでなく、日本の中でも「論理」と「情動」の矛盾が見受けられます。ただ、多くの人はそれに気付いていないか、気付いていても見て見ぬふりをしているようです。

明治以後、日本は西洋化を最優先課題として、あらゆるものに取り入れてきました。第二次大戦の敗戦後は、さらに加速しました。日本が負けたのは欧米式のシステムを導入しきれていなかったからだとばかり、旧日本式のものはすべて悪、西洋式のものがすべて善として、なんでもかんでも西洋式に変えていきました。

ところが、形、システムは西洋式になっても、中身のほうは日本式が残ったままだったのです。全部西洋化してしまうのがいいという意味ではありません。**ごちゃ混ぜになってしまっているのが問題**だということです。

たとえば、資本主義というシステムは、資本家の利益を最大化することを目指すシステムです。だから、資本家の利益の最大化を阻害する要因は、基本的にはすべて排除しなければなりません。

ところが、資本主義という西洋式のシステムを導入したにもかかわらず、中身は日本式の奥ゆかしさとか、わびさび文化のままだったのです。繰り返しますが、**奥ゆかしさとかわびさびがダメだと言っているのではありません**。**そういうものを、西洋式システムである資本主義に持ち込んではダメ**だと言っているだけです。

接待などという日本式の営業は、本来、資本家の利益を損なう行為なので、資本主義にはあってはならないものなのです。どの取引がどのくらい儲かるのかを論理で説明して、納得して、投資する。それ以外の要素である、「儲からないかもしれないけど、いつも接待してくれるから、あそこと取引をしよう」というような行為は、資本主義ではありえないのです。

宗教という概念も同様です。

明治政府ができあがる前には、日本には宗教という概念はありませんでした。あったのは信仰だけです。宗教というのは、根本の部分に神との契約という考え方があります。契約とは緻密に構築された論理の世界です。

江戸時代以前の日本の信仰には、神との契約という考え方はありません。先祖を崇拝するとか、仏を敬うという情動の世界がすべてでした。

あるいは、古神道と呼ばれるような、国家神道以前からある、いわゆる八百万《やおよろず》の神を祀るような神社信仰も同じです。人々は神々と契約関係を結んでいるわけではありません。何かよくわからないものや、どろどろとしたカオスの世界を恐れ（畏れ）たので、それらを敬うことで封印しようとしたのです。

そうした長い間続いてきた考え方を残したまま、システムだけが西洋式の宗教を輸入しました。そして、情動の世界に論理のシステムだけをはめ込んでしまったのです。

問題なのは、日本人がそのことに気付いていないこと、あるいは気付いていたとしても、それでいいと思ってしまったことです。論理だけで攻めてくる世界の人々と相対して、「まあまあ、ここはひとつ、穏便に……」などという情動は通用しません。国際社会では絶対に通用しないのです。

## ◉差別を「論理」で正当化した悪い例

話し方とは少し話題がそれますが、論理と情動についてもう少し考えていきましょう。

私は世界から飢餓と差別をなくすための活動を進めていますが、世界の差別について考えてみると、西洋式の差別と日本式の差別との違いが見えてきます。

西洋式の差別は論理に基づいています。めちゃくちゃな論理ですが、少なくとも論理の体裁は取られています。たとえば、宗教的差別。神との契約を結んでいない者は神の加護がなく、それが差別の理由となりえます。

あるいは、黒人差別では、キリスト教の教会が積極的に関与したという歴史があります。「人間を差別してはならない。しかし、黒人は人間ではない。ゆえに、黒人は差別されてもよい」という教えを、教会で説いていたことがあったのです。

めちゃくちゃな話ですが、論理の体裁だけは取っています。人々は「そうかそうか」とこの論理を受け入れてしまいました。もともとは情動による差別だったのでしょうが、それでは差別を正当化できないと考えて、情動に論理の衣をかぶせてしまったということだと思います。

これに対して、日本の差別は「穢《けが》れがうつる」という考え方に基づいています。ただし、「穢れ」も「うつる」も、その実態はよくわかりません。

「穢れ」のほうは、神話などにもよく出てくる死後の世界「黄泉《よみ》の国」などが象徴的です。おそらくは死体を放っておくと腐敗することから、「死は穢れだ」という発想になったのでしょうが、もちろんまったく論理的ではありません。「汚い」「くさい」「気味が悪い」などといった情動の世界です。

これが「うつる」というのですから、もう論理のかけらもありません。死がうつるとはどういうことなのか。衛生状態のよくない時代に伝染病が次々にうつっていくさまを見てそう思ったのかもしれないという推測はできますが、論理では説明できないことに変わりありません。

そして、これが差別へとつながる理由も、まったく論理的ではありません。「穢れである死を扱う職業に携わっている人は穢れており、それはうつるものである」ということらしいのですが、もちろん論拠などありません。さらに拡大解釈して、食肉に携わる人たちを差別してしまうのですから、あきれたものです。

「うつる」という考え方ですから、住む場所まで変えて、「隔離」してしまいました。こうして、被差別部落が誕生します。あそこへ足を踏み入れると、「穢れがうつる」というわけです。あるいは、穢れた人がやってくると穢れがうつるので、必死になって追い出します。ここに論理はありません。神が「彼らは人間ではありません」と言ったわけでもありません。そこにあるのは、「穢れがうつるのは嫌だ」という情動だけです。

性差別も同様です。女性は血を流す存在であり、だから「穢れ」であるというのです。

差別の問題一つを取っても、日本と西洋とでは、情動と論理というまったく相容れない要素から生まれました。情動というカルチャーが根付いてしまっている日本は、世界が判断基準としている論理の世界には、まだ本当の意味で入り込むことができていません。

## ◉民主主義は「論理」の世界

日本は民主主義国家であり、主権は国民にあります。これも西洋から輸入したシステムの一つです。国家運営に関わることはすべて、国民から選ばれた代表が話し合って決めることになっています。

民主主義における国家運営の現場が、情動で動いてしまっては非常に危険です。情動を左右できるある一部の層の考え方が、国家運営に強く影響を与えることになるからです。「本当はこっちの政策のほうが国民全体の利益になるのだが、あそこの社長がいつも献金してくれるから、あそこが儲かるこっちの政策に賛成しよう」ではまずいのです。

会社の接待営業と同じことが国家運営で行われては、国民の利益が損なわれてしまいます。どちらの政策がより国民の利益になるか、あるいは、国民の利益となるために、ある政策をやるべきか、やらざるべきかということは、「私はこう思う」というような情動ではなく、**「こういう理由でこうなのだ」という論理で決めなければいけない**のです。論理的話し方による話し合いで政策を決める。それが、民主主義の本来の姿です。

だから、国会議員や地方議会議員といった議員たちは、最低でも論理的話し方ができる人でなければいけません。しかし、残念なことにそういう議員は、私が知る限りほとんどいません。

もっとも、これは議員だけの責任ではありません。日本の国民全体が論理的話し方を不得手としていますし、そもそも国会という場が論理的話し方を戦わせる場であるという認識が欠如しています。

ですが、そろそろ国民は気付かなければいけません。気付かないままでは、国民は権力者の食い物にされ続けてしまいます。

論理的話し方によって論理を戦わせ、その政策、その法律がなぜ、どのように、どのくらい国民の利益になるのか、ならないのかについて議論し、その議論の勝敗を採決によって決めるというのが、国会のあるべき姿です。そして、国民は国会議員が論理的話し方ができるかどうかをきちんとチェックし、論理的話し方ができる人物に投票するのです。

こうした理想的な国会、地方議会を実現するためには、もしかしたら議員になるための資格試験のようなものが必要になるかもしれません。公務員、特に上級公務員になるためには、公務員試験という資格試験があります。ですが、私は国会議員、地方議員にこそ、こうした資格試験が必要だと考えます。

試験の内容はもちろん、論理的話し方（論理的考え方）ができるかどうかです。ある課題を与えて、それを実行すべきか否かについて、論理的に説明してもらいます。本当の民主主義を実現させるには、最短かつ最適な方法だと思っています。

ところで、よく、アメリカは「民主主義の最先進国」などと言われます。少なくともアメリカ人たちの多くはそう考えています。

しかし残念ながら、アメリカも真の民主主義国家とは言えません。論理だけで政治や国会運営を行い、差別などしない社会が民主主義です。ところが、差別をなくそうとしていたマーティン・ルーサー・キング牧師やジョン・F・ケネディ大統領を暗殺してしまったのがアメリカという国ですから、とても民主主義とは言えません。

「暗殺は頭のおかしくなった一人の犯人のしわざ」と思っている人が多いかもしれませんが、そうではありません。犯人は誰かに雇われてやったと考えるほうが妥当です。彼らの暗殺の背後関係が徹底的に調べられたようにはとても見えません。これでは、アメリカという国家が犯人を雇って彼らを殺してしまったのと同様です。そんな国が民主主義国家であろうはずがありません。

では、アメリカがこれからまっとうな民主主義国家に変わっていけるのかと考えると、私は難しいのではないかと思っています。なぜなら、本来は情動から起こっているさまざまな非民主主義的な事柄（差別問題など）を、「論理」という衣で徹底的に覆ってしまい、本質の部分を見えづらくしてしまっているからです。

本当はそういった情動を情動と認めたうえで排除し、民主主義の論理をしっかりと構築していかなければいけないのに、多くのアメリカ国民は、もうすでに論理がしっかりと構築されているかのような錯覚を覚えてしまっています。そのため、新たに正しい論理を構築する「脱構築」ができない限り、これは難しいと思います。

むしろ、私は、日本のほうが真の民主主義国家になれる可能性を秘めていると思っています。なぜなら、もともと論理がないからです。文化そのものが「あいまい」とか「なあなあ」といった、情動を中心としたものです。

論理のあるところに新たに別の論理を再構築するのはたいへんですが、まったくないところにならば、単に作りあげればいいだけです。古い建物が建っている場所に新たな建物を建てるよりも、まっさらな土地に建てるほうが、断然、楽なことを考えればわかりやすいでしょう。

この観点から考えて、**学校教育に論理的話し方の基本を導入することには大きな意味があります**。正しい民主主義を国民に根付かせるのは、一朝一夕にはできません。ですが、学校教育に導入して、子どもたちの柔らかい頭に植え付けていけば、何十年後かにはしっかりと構築できていることでしょう。

これができる可能性がもっとも高いのが、まだ論理を知らない日本なのです。真の民主主義が達成されたとき、私はすでにこの世にはいないかもしれません（もちろん、「あの世」にもいません）。しかし、そんなことは関係ありません。

現実に学校教育に導入されるのは、まだまだ先のことになるかもしれません。せめて、本書を読まれた読者のみなさんには、日本が差別のない真の民主主義国家に一歩でも近づくように、「論理的話し方」をしっかりと身につけて、「情動的話し方」とははっきりと区別して、使い分けてほしいと思っています。

## ◉本当の「話し上手」になるには？

本書を手にしたあなたは、「話し上手」なほうが「話し下手」よりもいいのだと思っていることでしょう。「話し下手」なほうがいいと思っているなら、話し方の本など手にするはずがありませんよね。

「当たり前じゃないか。話し上手なほうが得だもの。交渉ごとにも強いし、営業にも強い。

口説き上手なら異性にもモテるし、コミュニケーション力が高いほうが人間関係もうまくいくに決まっている」

本当にそうでしょうか？　当たり前と思っていることから疑ってみましょう。

そもそも、「話し上手」とはどういうものなのでしょうか。

流暢《りゅうちょう》にしゃべる人が「話し上手」で、朴訥《ぼくとつ》としゃべる人は「話し下手」なのでしょうか。おもしろい話をする人が「話し上手」で、退屈な話をする人が「話し下手」なのでしょうか。わかりやすい話をする人が「話し上手」で、難解な話をする人が「話し下手」なのでしょうか。

こんなふうに挙げていくと、実は「話し上手」を定義するのは非常に難しいことがわかります。なぜ難しいかと言うと、**話をする目的が人によってそれぞれ違う**からです。

話をするからには、何らかの目的があるはずです。人を説得する、相手が自社製品を買いたくなるようにする、自分の会社の商品が他社より優れていることをわかってもらう、相手と仲良くなる、自分のいいところを知ってもらう、好きな異性に自分のことを好きになってもらう、遅刻の理由を相手に納得してもらう……などなど、話すときには何らかの目的があるはずなのです。

これがわかると、「話し上手」とか「いい話し方」というものがどういうものなのかがわかります。それは、「**話す目的を達成できる話し方**」が「**いい話し方**」であり、**それができる人が**「**話し上手**」だということです。

この目的には、話す人の目的と聞く人の目的とがあります。話す人の目的と聞く人の目的とが合致していない場合、片方にとってはいい話し方なのに、もう片方にとってはよくない話し方だということもありうるわけです。

たとえば、話す人の目的が「話すことで自分のストレスを解消すること」で、聞く人の目的が「(何らかの)有意義な情報を得ること」だった場合、話す人にとってはいい話し方でも、聞く人にとっては悪い話し方だったということがありうるということです。

あるいは、同じ話し方でも、ある状況下ではいい話し方だが、別の状況下ではいい話し方ではないということもありえます。また、同じ話し方なのだが、ある人にとってはいい話し方なのに、別の人にとってはいい話し方ではないということもありえます。

精神科医で催眠療法家のミルトン・エリクソンという人がいました。アメリカで数多くの精神疾患の患者を治療し、その催眠療法は非常に高く評価されていました。彼は世界を飛び回り、積極的に講演活動も行っていました。一九八〇年に七八歳で亡くなるのですが、その晩年に行われた彼の講演を聞いた日本人の精神科医は、こう言ったそうです。

「何を言っているのかわからない。まるっきりボケ老人の話だった」

歳をとっていましたし、彼は若い頃にポリオ（小児麻痺）を発症し、麻痺の症状がありました。話し方もおそらく、非常に聞き取りにくいものだったに違いありません。催眠療法の大家ですから、その日本人精神科医は「どんなにありがたい話が聞けるだろう」と大いに期待していたことでしょう。しかし、聞いてみると、何を言っているのかほとんどわからない講演だったわけです。この日本人精神科医の目的は達せられなかったため、彼にとってミルトン・エリクソンの話し方は「話し上手」ではなかったわけです。

しかし、ミルトン・エリクソンは臨床の場では言語によって催眠療法を行っています。そして、実際、彼の治療によって患者は治っているわけです。**臨床の現場では、彼の話し方は間違いなく、この上ない「上手な話し方」です。精神疾患の患者を治すという目的を達成できているからです。**

ここからわかることは、「絶対的に正しいと言えるような上手な話し方というものはない」ということです。**話す目的があって、その目的を達成できる話し方が上手な話し方、つまり、いい話し方なのです。**世に数ある「話し方の本」はこのことに気付いていません。だから、そこに書かれている「こう話しなさい」という内容は、ある場面では使えても、別の場面では使えないのです。

ただし、「論理的話し方」の場合は別です。「論理的話し方」をするのが適した場面、すなわちビジネスなどの判断や意思決定を伴う場面（内容のあることを話す、ほぼあらゆる場面ですが）で使うことが前提ですから、状況や人物によって変わることはありません。その論理が的確か否かだけが問題になるのです。

## ◉「論理的話し方」にも弱点はある

万能に見える「論理的話し方」ですが、実はほんの少しだけ、弱点があります。それは、**聞く相手も論理的でないと理解してもらえない上に、場合によっては敵意や嫉妬（同じですが）を生み出してしまうことがある**ということです。

私が主宰している「ドクター苫米地ワークス」（講義と実習によるさまざまな実践的な技術取得のためのクラス）の生徒の実例で、こんなことがありました。

彼はビジネスの成功のためには「論理的話し方」が不可欠だと気付き、徹底的に訓練し、高いレベルの「論理的話し方」を身につけました。会社の仕事も、会社にとって何が一番利益を生むかについて、常に論理で考え、上司や同僚たちに論理的に説明しました。

企画会議、戦略会議でも積極的に提案し、その有効性を論理的に説明しました。そして実際、彼は大きな利益を手にし、会社の利益増大に寄与しました。

ところがある日、彼は上司から異動を命じられました。異動先は、ほとんど仕事がない、いわゆる閑職。彼は左遷されてしまったのです。

原因は上司による嫉妬でした。不幸なことに、彼の上司は彼の論理を理解できなかったのです。理解できないどころか、おそらくは「こんなやつが部下にいたら、俺の地位が危ない」とか「こいつをビジネスの表舞台に出したら、俺を出し抜いて出世してしまうかもしれない」と思ったのでしょう。つまり、正しいことを言って左遷されてしまったのです。

間違いなく今後も会社に利益をもたらす力を持つ彼を左遷させてしまう会社ですし、そんなダメ上司を責任のあるポストにつけてしまうような会社ですから、さっさと辞めたほうがいいと思いますが、世の中には残念なことにこういう上司がたくさんいるのです。

何度も言うように、ビジネスの場では、本来、「論理的話し方」以外、してはならないのですが、そうは言っても左遷されてしまったのでは困ります。

そこでやむをえず、本書でも「論理的話し方編」とは別に「情動的話し方編」という章を設けることにしました。ビジネスにおいては禁断技ですから、できれば使わないに越したことはないのですが、緊急避難的に使うのはよいことにします。

**「論理的話し方」は目的の達成を目指す話し方であり、「情動的話し方」は相手が目的を達成したかのように思わせる話し方である**と言い換えられるかもしれません。

実はもう一つ、「論理的話し方」には弱点があります。それは「何でも相対化できてしまう」ということです。

これはいいことなのではないかと思われるかもしれません。ほとんどの場合においては有効に機能します。ですが、「論理的話し方」とは、論理のものさしを使って物事の長さを測り、どちらが長いかを判断するものなのです。このものさしがブレたら測れませんから、ものさしはとりあえず絶対のものとするのが前提です。

そのため、やり方によっては、命の重さも相対化できてしまいますし、殺人の正当性も主張できてしまうことすらあります。

しかし、この世に「絶対的なものさし」などありません。これはとても便利なものさしですが、何でも測れる魔法のものさしではないのです。

一時期、「なぜ人を殺してはいけないのかを、子どもに説明できますか」などと言って、メディアなどで殺人についてよく議論されたことがありました。

「本当に悪い殺人鬼なら、殺してしまったほうが被害者が少なくてすむ」

「家族が殺されたら、犯人を殺したくなるのは当然である」

「魂の救済のためにポアすることはいいことだ」

こんなふうに議論を進めると、殺人を肯定する理由が浮上し、不可解なものであっても、それぞれそれなりに論理を構築することができてしまいます。

実はこの世には、けっして相対化してはならない絶対的な価値というものがあります。人の命などがいい例です。命の価値はものさしで測ったりできないものなのです。

「なぜ人を殺してはいけないのか」の答えは「世の中にはやっていいことと、やってはいけないことがある。人殺しは後者なのだ」です。

こう言うと「やっぱり『論理的話し方』より『情動的話し方』のほうがいいんじゃないか」と思われる読者がいるかもしれません。しかしそうではありません。論理がなく、情動だけだと、「だって、殺したいんだもん」とか「むしゃくしゃしたからキレた」がまかりとおることになります。これは論外です。

残る道は「**論理をしっかり学び、論理を極めたのち、論理を超える**」というものです。

わかりやすい例で言いますと、武道の「型」を徹底的に練習して身につけたのち、型から抜け出し、自分流の型を身につけるということでしょうか。武道の達人というのは、予測できないような動きをします。だから達人なのですが、素人がいきなり達人の動きを真似ても強くはなれません。また、達人の動きがトリッキーだからといって、基本の「型」を知らないのかというとそうではなく、基本の「型」を極めたからこそ、そこから抜け出すことができたわけです。

まずは、「論理的話し方」という基本の「型」をしっかりと身につけてください。それから、「情動的話し方」という禁断技も教えます。**これらはけっして混同して使ってはいけません。そのためには、これらをコントロールする高い視点が必要になります。「論理」を極め、「情動」を知り、そして最後にはこれらをコントロールする視点を身につけること**で、あなたは目的を達成できる上手な話し方ができるようになるのです。

では、まずは、多くの人に苦手とされる「論理的話し方」を極めていきましょう。

## 序章のまとめ

- 饒舌なことと、話し上手はまったく違う。
- 「他人」への話し方と「家族」への話し方は、明確に区別する。
- 「他人」には「論理的話し方」、「家族」には「情動的話し方」を使う。
- コンフォートのための会議とディシジョンのための会議を混同しないこと。
- まずは「論理的話し方」から身につける。
- ビジネスや外交、政治に「論理的話し方」は必須である。
- 民主主義は「論理」の世界である。
- 学校教育に論理的話し方を導入することには意味がある。
- 目的を達成できる話し方が、「いい話し方」である。
- 「論理的話し方」には、何でも相対化できてしまう危険性もある。
- 「論理」を極め、「情動」を知ることで、「上手な話し方」ができるようになる。

# 第一章

# 仕事と人を動かす〈論理的話し方編〉

## ◉「論理」こそ、ビジネスで使う話し方の必須テクニック

序章で述べたように「論理的話し方」は、相手に何らかの判断を期待したり、より正しいと思われる選択をしたいときに使われます。

具体的な場面としては、ビジネスシーン、たとえば会社での会議（仲良くなるための会議ではなく、何かを決定する会議）、他社への企画提案（プレゼンやコンペ）などが一般的です。営業マンの営業トークも、本来は情に訴えかけるのではなく、その商品によってお客さんにいかにメリットがあるかを論理で説明するべきものです。また、裁判や国会、地方議会での論戦なども、本来は「論理的話し方」で話さなければならないことはすでに述べたとおりです。

こうした場面で、「情動的話し方」をしてはいけません。「**本当はこっちのほうが利益が出るけど、あっちの話のほうがおもしろいからあっちと取引しよう**」**というのは、ビジネスにおいてアンフェア**です。会社や株主に損失（機会損失であっても）を与えているわけですから、資本主義のルールから明らかに逸脱しています。

何らかのルールがあって、そのルールに則って行動しなければいけないような場面で、自分の主張はそのルールに照らし合わせると正しいのだと言いたいときには、「論理的話

し方」がどうしても必要になってきます。

こういう話をすると、「でも、世の中は論理だけで成り立っているわけじゃないでしょう。人情とか、人間関係とか、情の部分も大切です」などと言い出す人がいます。もちろん、人情とか、人間関係が大事なのは当然です。

繰り返しますが、私は情の部分を否定しているわけではありません。情動と論理の二つがあって、それらはまったく別のものだから、混同してはいけないということです。

そうでないと、ビジネスでの癒着とか、接待とか、ずるいことがまかり通ってしまうのです。

## ◉まずは「三段論法」を捨てなさい

「論理」というと、多くの人が「ああ、三段論法でしょ」と言います。ですが、現在は話し方の論理とは「三段論法」のことではなく、「トゥールミンロジック」を指すのが一般的です。

トゥールミンロジックとは、一九六〇年代にイギリスの分析哲学者スティーブン・トゥールミンによって提唱された論理構築法で、「三段論法に代表される形式論理の方法論は、実社会における論理構築の手段として適さない」との考えから生まれた現代の論理技術です。

トゥールミンロジックの具体的説明については、この章をまるまる使って説明していきますので、ここではまず、なぜ三段論法ではダメなのかについて見ていきましょう。

三段論法は、古代ギリシャの哲学者、アリストテレスによって考えられた論法と言われています。「AならばBである。BならばCである。ゆえにAならばCである」というのが典型的な三段論法です。

よく出てくる例としては、次のようなものがあります。

「すべての人間は死ぬ。ソクラテスは人間である。ゆえにソクラテスは死ぬ」

この論法のどこに問題があるのかと思うかもしれませんが、実は問題だらけなのです。

三段論法には三つの命題が存在します。「AならばB」「BならばC」「ゆえにAならばC」の三つです。最初の「AならばB」を大前提、次の「BならばC」を小前提、最後の「ゆえにAならばC」を結論と呼ぶこともありますが、問題なのは結論を導き出す大前提と小前提です。

三段論法の結論は、大前提と小前提がいつどのような状況であっても一〇〇%正しい場合にのみ成り立つ論法です。当然ながら、**「AならばB」「BならばC」のどちらかに反例があれば、その瞬間にこの論理は破綻します。つまり、「AならばC」が成り立たなくなるのです。**

そして、この「AならばB」「BならばC」と一〇〇%言い切れる命題というのは、現実問題としてはほとんど皆無なのです。つまり、現実に起こりうるいかなる命題にも一〇〇%正しいと言い切れるものはないということです。

「そんなはずはあるまい。世の中には真実とそうでないものとがある。真実は誰にも揺るがすことはできないはずだ」

ところが、その真実というやつが本当に真実かどうかを見極めることは、現実には極めて困難、いや不可能なのです。疑いの余地が残る以上は、一〇〇%正しいとは言い切れません。真実だと思われることでも、一〇〇%間違いなく真実だと証明することは非常に難しいのです。

先ほどの例に戻ってみましょう。

「すべての人間は死ぬ。ソクラテスは人間である。ゆえにソクラテスは死ぬ」

この中には「すべての人間は死ぬ」という大前提、「ソクラテスは人間である」という小前提、「ゆえにソクラテスは死ぬ」という結論が入っています。この大前提、小前提が、実は甚だ怪しいと言いますか、証明不可能な命題なのです。

「いや、すべての人間は死ぬし、ソクラテスも人間だよ」

はたして本当にそう言えるでしょうか。まったく反論を許さない論理でそれを示すことは、不可能です。

「すべての人間は死ぬ」は一見、一〇〇%正しい命題に見えます。しかし、これは過去の経験から導き出された帰納法による論法です。「いままで黒いカラスしか見たことがない」ことが「白いカラスは絶対にいない」ことの証明にならないのと同じです。

実際、今後、不老不死の薬が開発され、死なない人間が現れる可能性もゼロではありません。あるいは、再生医療によって、不死が実現するかもしれません。そのとき、この三段論法が一〇〇%正しいとすると、「死なない人は人間ではない」ということになってしまいます。

また、「ソクラテスは人間である」も、もしかしたら正しくないかもしれません。宇宙人の可能性もゼロではありませんし、人間から進化した別の生物の可能性もなくはないですし、人間だとしても誰かが作り上げた架空の人物の可能性もなくはありません。架空の人物なら、死ぬとか死なないという命題自体が無意味です。

こうした疑いが少しでも残る限り、「ソクラテスは死ぬ」という結論は正しいとは言い切れなくなります。

三段論法が間違っているということではありません。**現実世界では成り立たない、机上の空論**だということです。

実は、この世の中には「絶対的に正しいこと」というものはないのです。より正しい、より正しくないということはありますが、**一〇〇%正しい事象というものはありません。すべて、どのくらい確からしいかという確率の問題が入ってくる**のです。

三段論法で連鎖的につないで「AならばB」「BならばC」……「YならばZ」としたとき、「AならばZ」になる確率は極めて低くなります。

たとえば、ハンカチを床から一センチ持ち上げて手を離したとき、どこに落下するかはほぼわかります。かなりの確率で特定できるでしょう。しかし、その連続であるはずなのに、東京タワーの上からハンカチを落下させたときの落下地点を正確に予測することは、まず不可能です。

それぞれの「AならばB」「BならばC」……に、ある確率で不確定の要素が紛れ込むからです。一センチの高さのときにはわずかすぎて問題にならなかった要素、たとえば風向き、空気抵抗、ハンカチの曲がり方、落とすときの手のぶれなどが、東京タワーの高さになると、ものすごい誤差となって影響してくるわけです。これはハンカチではなく、一円玉などでも同様です。

もう少し身近な現実で考えてみましょう。

ビジネスは論理で話すと言いましたが、ビジネスにおいて、「これに投資すれば絶対に儲かる」などというものはありません。必ず、ある確率で儲かるが、ある確率でリスクも伴うというのが普通です。だとすれば、ビジネスにおいては、三段論法を使う場面はありません。前提に必ず微妙な誤差が紛れ込むわけですから、三段論法を使えば使うほど、結論に大きな誤差が紛れ込むことになります。

後に詳しく述べますが、トゥールミンロジックには「確からしさ」という確率の概念が入っています（「クォリファイアー＝Q論理」と言います）。絶対はないが、より正しいのは何かを導き出すのに、非常に適した論理なのです。

まずは三段論法を捨ててください。

三段論法にとらわれていると、それが盲点を生み出して、トゥールミンロジックを身につける邪魔になります。

三段論法を捨てて、頭の中をニュートラルな状態にしてから、この先を読み進めてください。そうでないと、ここから先の話に対して、あなたの脳がバリアを張ってしまう可能性があります。無意識のうちに壁を作ってブロックしてしまわないよう、十分に気をつけてください。

## ◉論理の基本「データ」「ワラント」「クレーム」

では、いよいよ「論理的話し方」の本題に入っていきましょう。

まずは、トゥールミンロジックの基本、「データ」「ワラント」「クレーム」という三つの要素から見ていきます。

「データ」とは、「**主張する内容を裏付ける事実**」を指します。客観的な証拠資料のことです。

「ワラント」という概念は日本人にはわかりづらいかもしれません。辞書を引くと、「根拠、保証」といった意味が載っています。「**提示したデータがなぜ主張する内容を裏付けることになるのかという論拠**」を言います。ワラントのない無関係のデータを引っ張り出してきて、「これが論拠です」と言っても意味がないですし、実は一見無関係のように見えても、意外なワラントによってしっかりとした根拠があったという場合もあります。

「クレーム」とは「主張」のことです。「文句を言うこと」ではありません。要するに、**その場面で主張する内容**のことです。

何らかの主張（クレーム）をする場合、その主張が正しいと言える証拠（データ）と、なぜそれが証拠となりうるかという説明（ワラント）が必要になるというのが、論理の大前提となります。

日本人によくある典型的パターンは、「クレーム（主張）」はあるが、「データ（証拠）」も「ワラント（説明）」もないというケースです。主張はしても、なぜその主張が正しいと言えるのかについて、一切語らないというものです。

日本人の場合は「言わなくてもわかるだろう」という論理なのですが、これは日本の中だけでしか通用しません。よくいう「腹芸」というやつです。

日本人は長い間、同じような文化をみんなで共有してきたため、何でもいちいち説明しなくても、ある程度、わかり合えました。むしろ言わぬが花で、いちいち説明することのほうが「野暮ったい」のです。

つまり、誰かがある主張をしたとき、それを裏付けるデータを相手も共有しているというのが前提だったわけです。データとクレームとの橋渡しをするのがワラントですから、データを示す必要がなければ、ワラントを示す必要もありません。

話し手がクレームに対してデータやワラントを示さない、聞き手も疑いを抱かないというのはいつも同じデータやワラントを意識として共有してきたからで、それが日本人の奥ゆかしさに通じるものでした。

しかし、序章でも述べたように、異なるさまざまな文化が入り混じる国際社会では、こうはいきません。国際ビジネスの場で腹芸は通用しません。

常に厳密な定義、厳密な論理を構築して挑まないと、あとでとんでもないトラブルに巻き込まれかねません。

さて、ここまで読まれたあなたは、もしかすると「主張（クレームに）に証拠（データ）がいるのはわかるが、説明（ワラント）別には必要ないのではないか」と思われたかもしれません。証拠を提示すれば、主張を裏付けたことになるのではないか、あとはその証拠の信憑性だけを吟味すればいいのではないか。そんなふうに思った人もいるかもしれません。

## ●論理的話し方の基本

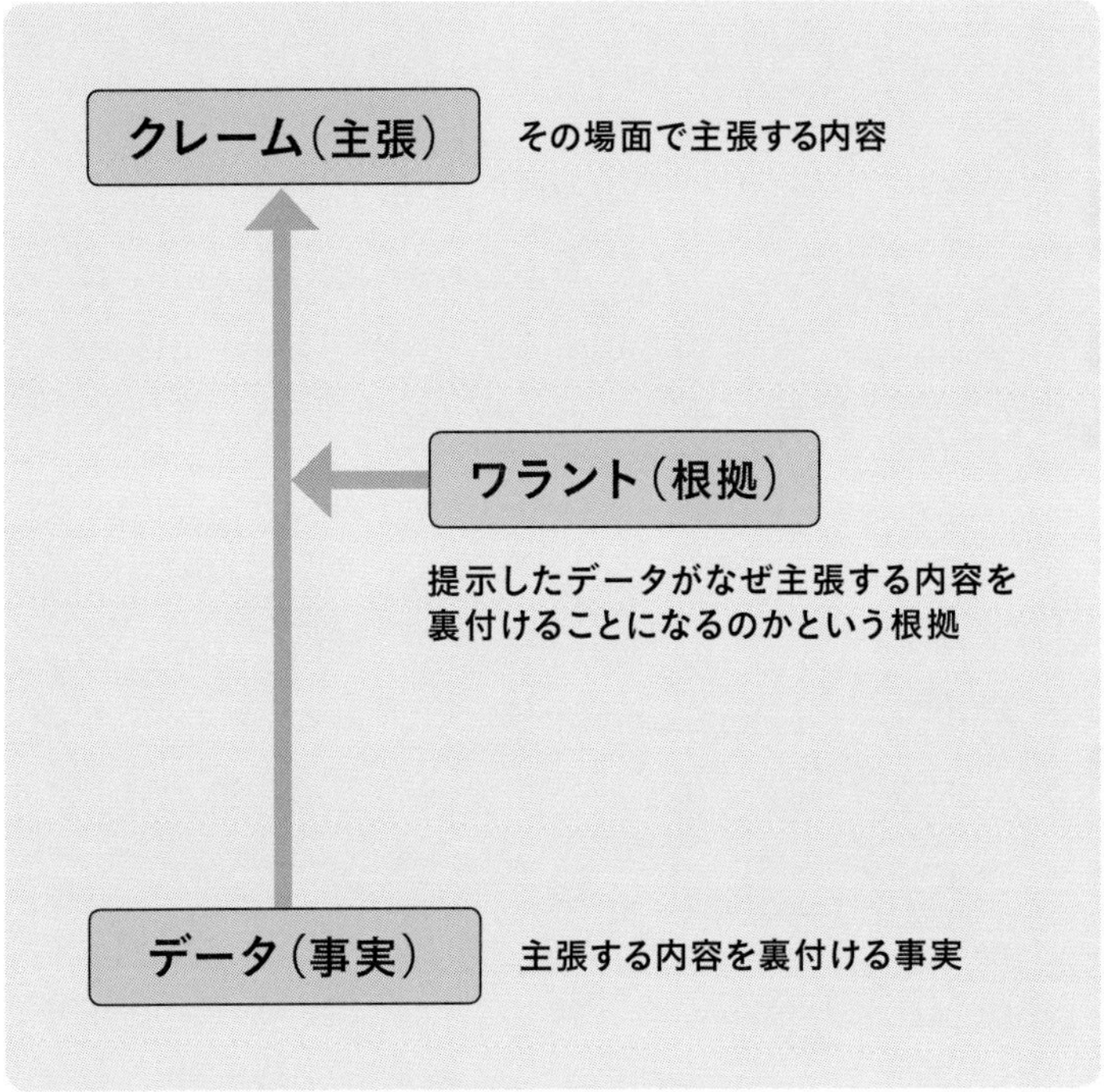


何らかの主張（**クレーム**）をする場合、その主張が正しいと言える証拠（**データ**）と、なぜそれが証拠となりうるかという説明（**ワラント**）が必要になるというのが、論理の大前提となる。

ですが、実は証拠（データ）だけでは不十分です。主張（クレーム）と関係があるか、無関係かが一見してわかるようなデータばかりではないからです。つまり、**データ自体は嘘ではないとしても、それが主張を裏付けているのかどうかは、十分吟味しなければならないことが多い**のです。

ごく簡単な例を出してみましょう。

ある人が「霊は存在する」という主張（クレーム）をしたとします。「霊の専門家であるEさんが『霊はいる』と言っていた」とか「Eさんが霊と話をしているのを見た」というのが、その証拠（データ）だと言います。

このクレームとデータを橋渡しするワラントは非常に脆弱です。ないに等しいでしょう。主張している本人はあるつもりかもしれませんが、まったく成り立っていません。「Eさんが霊を呼び出して話をしていたのだから、霊は存在する」という論理は成り立ちません。Eさんが嘘つきで、ペテン師かもしれないからです。

「Eさんが『霊はいる』と言った」とか「Eさんが霊と話しているのを見た」というは事実でしょう。**データそのものに嘘はありません。しかし、そのデータはクレームを裏付けるものにはまったくなっていない＝ワラントがないということが証明されると、クレーム自体の信憑性が失われる**のです。

データがあって、ワラントがあって、クレームが成り立つ。これが論理の基本です。

## ◉「論理的話し方」の基本例

「データ」「ワラント」「クレーム」について、もう少し詳しく、具体的に見てみましょう。

また、ごく簡単な例を出してみます。

ある人が、「インフレ懸念が高まっている」ことを示すデータを提示して、「預金準備率を五％上げるべきである」と主張（クレーム）したとします（あくまでも例ですので、誤解のないように）。

この場合のワラントは、「預金準備率を上げれば、市中銀行から資金が引き上げられ、マネーサプライが減るので、インフレが避けられる」というものでしょう。

議論の場で相手のクレームを崩すことを想定した場合、データもしくはワラントが崩れればクレームも崩れることになりますから、反論の際には、データかワラントを崩す攻撃をしかけることになります（実際は後述するようにもっと複雑です。ここでは、「データ」「ワラント」「クレーム」の三つに限った場合の例です）。

このとき、もしインフレ懸念が高まっているデータが「過去三ヵ月の国内総生産（GD

P）の伸び率が前年同期比二％超」とか「消費者物価の上昇率が約一〇年ぶりの高水準」など、かなり客観的なものだった場合、「データそのものに誤りがある」という攻撃はあまり得策ではありません。

「政府発表の資料からの抜粋なので、誤りはありません」と言われたら、こちらは「政府発表そのものが間違っている」と論証する必要が出てきます。それはさすがに難しいでしょう。

ですから、「預金準備率を上げれば市中銀行から資金が引き上げられ、マネーサプライが減るので、インフレが避けられる」というワラントに攻撃を仕掛けることになります。

具体的には、「預金準備率が引き上げられた場合、本当に市中銀行から資金が引き上げられるのか」とか「過去に預金準備率を上げたにもかかわらずインフレが起こった事例はないのか」とか「クレームにある比率（五％）では足りないのではないか」といった反論が考えられます。

**主張する人は、こうした反論を事前に想定して、再反論に備える必要があります**。当然、それに関わるデータ、ワラントも事前に用意しておきます。相手もまた、それに再々反論する用意があるでしょうから、さらなる反論を準備しておきます。

こうした反論合戦が、ビジネスなど実社会で役立つ「論理的話し方」の基本です。

## ◉「B・Q・R論理」で、論理的話し方を強化する

さて、ここまではトゥールミンロジックの基本中の基本である「データ」「ワラント」「クレーム」の関係について見てきました。しかし、トゥールミンロジックの基本はこれだけではありません。トゥールミンロジックには、さらに三つの要素があります。「バッキング（B論理）」「クォリファイアー（Q論理）」「リザベーション（R論理）」の三つです。

このB、Q、Rの各論理も本来は、「データ」「ワラント」「クレーム」とともに、最初に提示されるべき論理です。ただ、時間的な制約がある場合には、「データ」「ワラント」「クレーム」だけをまず提示すればいいでしょう。これに対して、反論する側はB論理、Q論理、R論理の正当性について攻撃を加える形をとることがよくあります。

では、この三つの定義から見ていきましょう。

**●バッキング（B論理）……ワラントが正しいことを支持する証拠、証言、統計、価値判断、信憑性などの情報**

**●クォリファイアー（Q論理）……クレームの相対的強度の定性的な表現（英語では、possibly、probably、usually、certainly、absolutelyなどの用語）。また、可能で**

**あれば、90%などの定量的な表現**

**●リザベーション（R論理）……クレームに対する例外を主張する論理**

スティーブン・トゥールミンはトゥールミンロジックを実際の議論の論理構築法として生み出したので、その主張の相対的強度として、usuallyなどのQ論理をつけることを提唱しました。三段論法がダメな理由について述べたところで触れた、「どのくらい確からしいか」という確率のことです。

また、トゥールミンロジックでは、クレームは常に正しいとは限らない（universally trueではない）とされています。そこで、アメリカの分析哲学では、このような考え方は別途、可能世界論や様相論理として発展しましたが、イギリスの分析哲学者であるトゥールミンは同様な制約をトゥールミンロジックにR論理として導入しました。クレームが適用されない例外が必ずあるはずなので、それを示すのがR論理です。

これらに加えて、先ほどの基本中の基本である三要素も同様に定義しておきましょう。

**●データ（D論理）……論理の根拠となる、状態、事実など、最初に提示される説明情報**

**●ワラント（W論理）……クレームの根拠としてデータが利用可能であることを正当化する情報**

**●クレーム（C論理）……論理として構築されるひとつの主張**

なお、データ、ワラント、バッキング、クォリファイアー、リザベーション、クレームのすべてが成り立った論理を、「プリマファシエ」と言います。完璧に構築された論理です。

また、次の例で見てみましょう。わかりやすいように、先ほどの預金準備率の例をそのまま使います。

「インフレ懸念が高まっている」というデータに対して、「預金準備率を五％上げるべきである」と主張（クレーム）し、ワラントは「預金準備率を上げれば、市中銀行から資金が引き上げられ、マネーサプライが減るので、インフレが避けられる」というものでした。

これに対して、相手側はB論理、Q論理、R論理に反論を加えます。

この場合のB論理は「預金準備率が引き上げられた場合に、実際に市中銀行から資金が吸い上げられた証拠」などです。これに対する反論としては、「銀行から資金が吸い上げられたとき、実際にインフレが避けられるのかどうかという因果関係を問う」などが考えられます。

Q論理は「預金準備率を引き上げるとどの程度インフレ懸念が避けられるかを、定性的・定量的に述べる」などです。仮にB論理を認めたとして、その場合、どの程度インフレが抑えられるのかについての反論です。これに対する攻撃としては、「パーセンテージなどの定量的な数字について、その数字で効果があったと言えるのかを定性的に考察する」ということが考えられます。

R論理は「預金準備率まで全額が貸し出しに回される経済理論上の理想的なケース以外の留保性向の考察」などです。「必ずしもそうはならない」という例外について考察するわけです。これに対する反論としては、「具体的な経済統計（現実には理論値ほどには貸し出しがなされておらず、預金準備率を上げてもマネーサプライは減らないといった統計など）を例に、預金準備率引き上げにはインフレ抑制効果がないと反証する」などです。

お互い、これら六つの論理について、主張と反論を繰り返すことになります。ただし、きちんと整理した形で主張しないと、だらだらと時間ばかりがすぎることになります。通常の会議などの場合は、決定権を持つ社長や役員などが、あるところで判断を下すことになります。

### ○バッキング（B論理）

ワラントが正しいことを支持する証拠、証言、統計、
価値判断、信憑性などの情報。

[**例**] 預金準備率が引き上げられた場合に、実際に市中銀行から資金が吸い上げられた証拠、など。
[**これに対する反論例**] 銀行から資金が吸い上げられたとき、実際にインフレが避けられるのかどうかという因果関係を問う、など。

### ○クォリファイアー（Q論理）

クレームの相対的強度の定性的な表現（英語では、possibly、probably、usually、certainly、absolutelyなどの用語）。
また、可能であれば、90%などの定量的な表現。

[**例**] 預金準備率を引き上げるとどの程度インフレ懸念が避けられるかを、定性的・定量的に述べる、など。
[**これに対する反論例**] パーセンテージなどの定量的な数字について、その数字で効果があったといえるのかを定性的に考察する、など。

### ○リザベーション（R論理）

クレームに対する例外を主張する論理。

[**例**] 預金準備率まで全額が貸し出しに回される経済理論上の理想的なケース以外の留保性向の考察、など。
[**これに対する反論例**] 具体的な経済統計（現実には理論値ほどには貸し出しがなされておらず、預金準備率を引き上げてもマネーサプライは減らないといった統計など）を例に、預金準備率引き上げにはインフレ抑制効果がないと反証する、など。

## ●トゥールミンロジックの構造と例

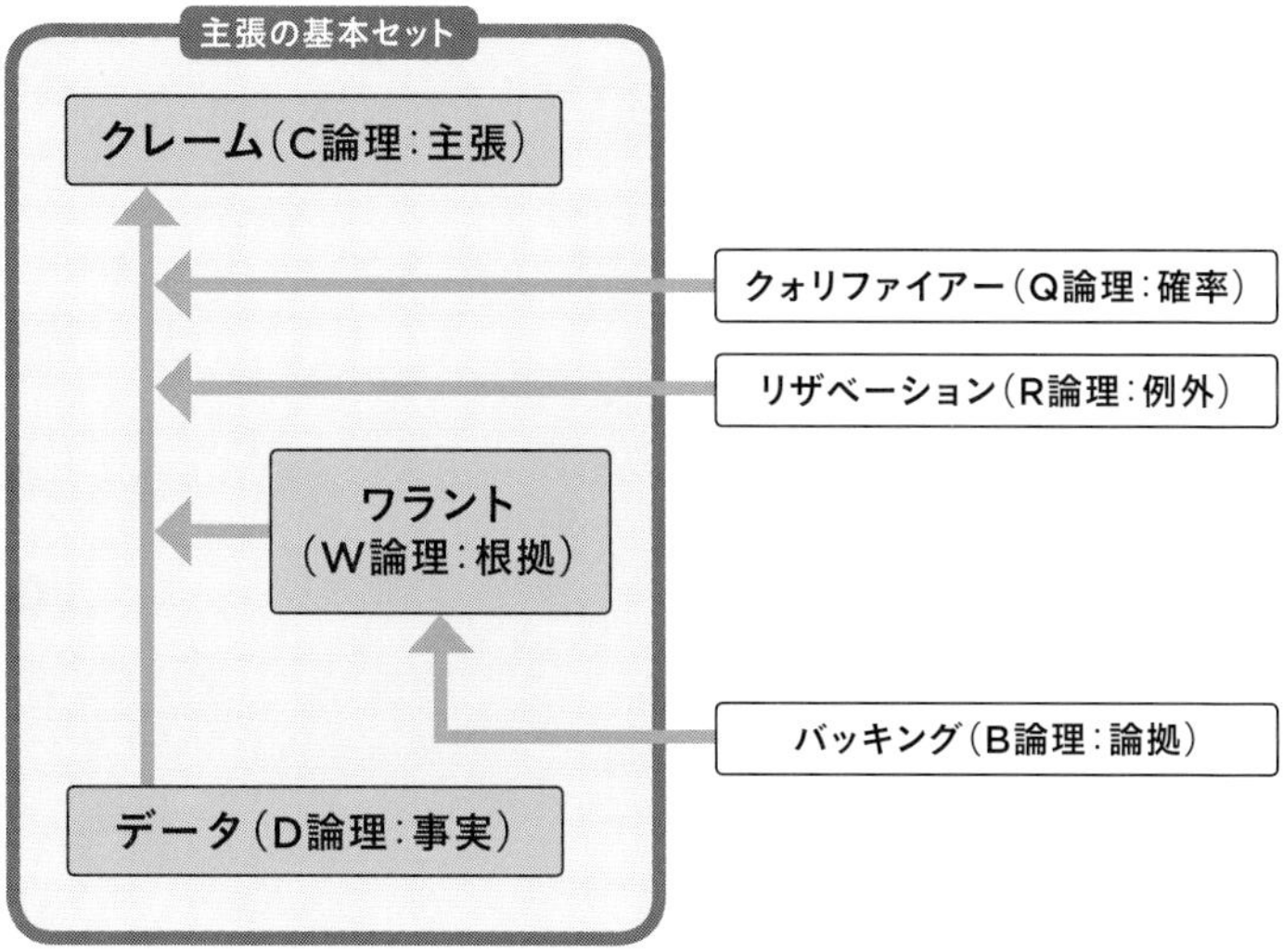


### ○データ(D論理)

論理の根拠となる、状態、事実など、最初に提示される説明情報。

[**例**]インフレ懸念が高まっている。

### ○ワラント(W論理)

クレームの根拠としてデータが利用可能であることを正当化する情報。

[**例**]預金準備率を上げれば、市中銀行から資金が引き揚げられ、マネーサプライが減るので、インフレが避けられる。

### ○クレーム(C論理)

論理として構築されるひとつの主張。

[**例**]預金準備率を5%上げるべきである。

## ◉論理的に反論するテクニックとは？

主張（クレーム）するには、前述のD・W・C・B・Q・Rの六つの論理が欠かせないことを見てきました。議論においては、相手が主張してきた論理に対して、反論をしていくことになりますが、その反論にもいくつかの方法があります。

もちろん、主張してきた六つの論理が脆弱であれば、そこを直接突けばいいわけですが、そうそう簡単に覆せないことも多いのです。相手も、覆されないように論理を展開してきますから、単純に「あなたのクレームにはワラントがない」というような反論では太刀打ちできません。

そこで、**反論のための論理、反論のための技術が必要になります**。ここでは、数ある反論の技術の中から、代表的なものを紹介します。これらを身につけることで、実社会で議論する際の技術も格段に向上することでしょう。

ある議論について、主張されている行動を取るべきであると判断されるためには、通常、二つの要素が必要になります。それは「**必要性**」**と**「**有効性**」です。ある問題があったときに、その問題がいかに大きく、それゆえに何らかの行動がいかに必要であるかが「必要性」で、ある行動を取った場合に、問題とされていることに対して有効に作用するのかどうかが「有効性」です。

また、簡単な例を出して、見てみましょう。

二〇〇五年、当時の小泉純一郎首相は「郵政民営化は構造改革の象徴である」と唱え、郵政民営化の是非を問うとして、衆議院を解散しました。主張としては「郵政民営化をすれば、構造改革が進む」ということだったのでしょう。

ここでの「必要性」は「そもそも構造改革は必要なのか」ということになります。構造改革の目的は、国家財政の健全化、赤字国債の軽減といったことでしょう。もし、他の手段で国家財政の健全化が図れるのであれば、構造改革自体必要ないということになり、当然、郵政民営化も必要ない＝すべきでないということになります。

次に、ここでの「有効性」は「構造改革が必要だとして、郵政民営化は構造改革に対して有効なのか＝郵政民営化すれば国家財政の健全化が図れるほどの構造改革が実現されるのか」ということになります。**構造改革の実現に、郵政民営化は有効な手段なのか**ということです。郵政民営化にしても構造改革が進まないのであれば、郵政民営化は必要ない＝やるべきではないということになります。

「必要性」を「ケースサイド」、「有効性」を「プランサイド」と呼びます。この二つの側面を検証することで、反論できる穴を探します。

## ◉「必要性」に疑いをかけるテクニックを身につける

「必要性」＝「ケースサイド」に対して反論するためのテクニックには、「問題性（ハーム）」と「内因性（インヘレンシー）」への攻撃があります。

「問題性（ハーム）」とは、主張されている行動（プラン）を実行しないと、どの程度、影響が出るのかということです。これとは少し異なる意味で、「利益（アドバンテージ）」と呼ぶものもあります。この行動（プラン）を実行することによって、どの程度、利益があるのかということです。実行しない場合の影響と実行したときの利益のどちらを論じても、結局は同じことになります。

これら（ハームもしくはアドバンテージ）の大きさ（これを「シグニフィカンス＝重要性」）と呼びます）の攻防が、議論になるわけです。

もうひとつの「内因性（インヘレンシー）」とは、そもそものハームが「現状」に内因的であるのかどうか、したがってそもそも論題を採択することのみでハームは解決するのかということです。

「現状」が、肯定側が示したプランなしでもハーム（問題）を解決できるのであれば、そのプランはいらないのではないかという論理です。もしくは、「現状」を維持すれば問題が解決に向かうのであれば、そんなものはハームではないだろうという論理です。

なお、ここで出てきた「現状」とは、単なる瞬間的な現状のみを指すのではなく、現在の瞬間的な現状を維持した場合に生じうるすべての状況を含みます。現状維持によって起こりうることはすべて「現状（Status Quo＝ステータス・クオ）」です。論理における「現状」とは、この「Status Quo」のことを言います。

## ◉「有効性」に疑いをかけるテクニックを身につける

「有効性」＝「プランサイド」に対して反論する技術には、「不利益（ディスアドバンテージ）」と「解決性（ソルベンシー）」があります。「解決性（ソルベンシー）」は、「内因性（インヘレンシー）」とワンセットで、「必要性（ケースサイド）」として扱うこともできます。

「不利益（ディスアドバンテージ）」とは、行うべきだと主張されている行動を取ることで、かえって大きな不利益が生じるということです。**議論においてその行動を取ることで得ら**

**れる利益と不利益のどちらが大きいかという攻防に持ち込まれることになります。**

「解決性（ソルベンシー）」とは、**主張されている行動が実際にハーム（問題）を解決できるのか**どうかということです。先ほど、「内因性（インヘレンシー）」とワンセットで「必要性（ケースサイド）」として扱うことができると書きましたが、それは、主張を否定する側が「肯定側の主張する行動では問題を解決することはできない」ということを示せれば、「問題（ハーム）は肯定側の主張に内因的ではなかった」という論理になるということです。

## ◉四つの反論の具体例

ここまで、四つの反論の技術を見てきましたが、概念だけだとちょっと複雑に見えるかもしれません。以降は簡単な例で、確認してみましょう。

年金問題が原因となって、社会保険庁は日本年金機構として組織を変えることになりました。この決定に際し、「社会保険庁を廃止し、日本年金機構という別組織を立ち上げるべきである」かどうかという論題について議論がなされたはずです。

肯定側は「厚生年金の不正改ざん、五〇〇〇万件の年金記録漏れなど、社会保険庁のやってきたことで年金をもらえなくなってしまう人が多数出てしまう。こんな組織は即刻、廃止するべきだ」という主張でしょう。

これに反論する側は、**「必要性」と「有効性」について検証**します。

「必要性」への反論は「問題性（ハーム）」と「内因性（インヘレンシー）」でした。「問題性（ハーム）」への攻撃とは、「年金がもらえないというのは、そんなに大きな問題なのか」ということです。あるいは、「社会保険庁の廃止でもっと大きな問題は発生しないか」ということです。

「内因性（インヘレンシー）」への攻撃とは、「年金がもらえないのは、本当に社会保険庁という組織に問題があるからなのか」ということです。別に問題があるとしたら、社会保険庁を廃止しても解決にはなりません。たとえば「年金がもらえないのは年金記録漏れが理由なのではなく、年金資金で償還不可能なアメリカの長期国債を買わされてしまって、お金がないからだ」といった主張が、「内因性（インヘレンシー）」への攻撃です。社会保険庁を日本年金機構に変えたところで、そもそもお金がないのだから、年金を払えるようにはならないという反論です。

さて、「有効性」への反論は「不利益（ディスアドバンテージ）」と「解決性（ソルベン

## ●反論の基本構造(図)

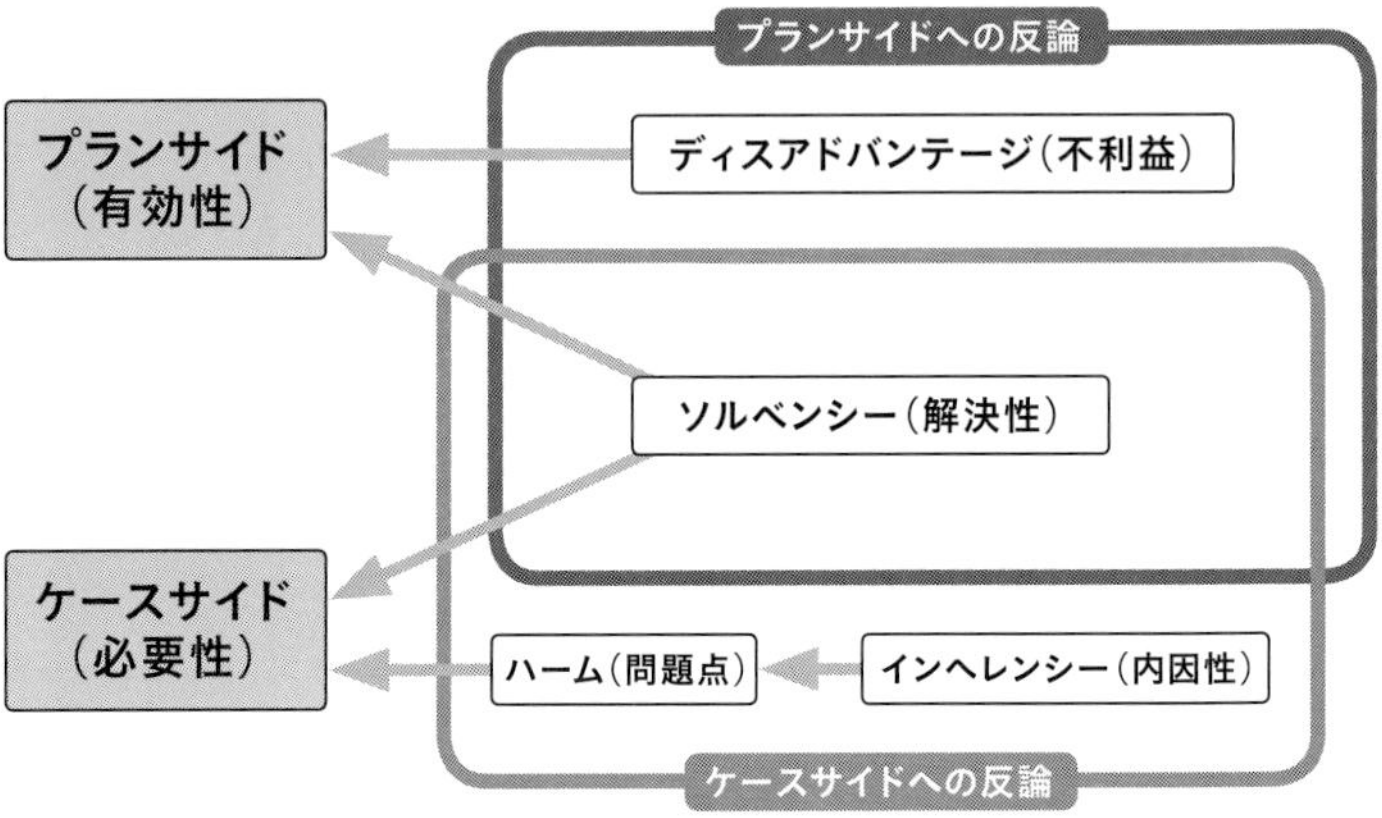


シー）」でした。

「不利益（ディスアドバンテージ）」への反論は、「社会保険庁を廃止して日本年金機構を新たに立ち上げたら、大きな不利益が生じるのではないか」といったものです。「社会保険庁を廃止してしまったら、結局、不正免除問題などがうやむやになって、また同様のことが繰り返されてしまう」とか「国民が怒って暴動が起きて、死者が出てしまう」といった反論になります。

「解決性（ソルベンシー）」への反論は、「内因性（インヘレンシー）」と連動して、「お金がないことが年金が払えない最大の原因なのだから、社会保険庁を廃止して、日本年金機構を作っても、何の解決にもならない」とします。問題は社会保険庁を廃止するとか、新

## ●反論の基本構造（解説）

**ハーム（問題性）への反論**

**年金がもらえないというのは、そんなに大きな問題なのか。**
**あるいは、社会保険庁の廃止でもっと大きな問題は発生しないか。**

**インヘレンシー（内因性）への反論**

**年金がもらえないのは、本当に社会保険庁という組織に問題があるからなのか。**

↓

別に問題があるとしたら、社会保険庁を廃止しても解決にはならないのでは、などの反論。

**ディスアドバンテージ（不利益）への反論**

**社会保険庁を廃止して日本年金機構を新たに立ち上げたら、大きな不利益が生じるのではないか。**

↓

社会保険庁を廃止してしまったら、結局、不正免除問題などがうやむやになって、また同様のことが繰り返されてしまう。
国民が怒って暴動が起きて、死者が出てしまう、などの反論。

**ソルベンシー（解決性）への反論**

**お金がないことが年金が払えない最大の原因なのだから、社会保険庁を廃止して、日本年金機構を作っても、何の解決にもならない（「内因性（インヘレンシー）」と連動して反論）。**

↓

問題は社会保険庁を廃止するとか、新しい年金組織を作るとか、そういったところにはないので、解決にならない、などの反論。

しい年金組織を作るとか、そういったところにはないので、解決にならないという反論です。

こんなふうに、反論とはつまるところ、**これら四つの論理（技術）をどう使っていくかということになります**。もちろん、再反論もこの四つが争点となりますから、肯定側、否定側ともにこれらをどう守り、どう攻撃するかを考えて主張していくことになります。

## ◉ターンアラウンドで相手のデータを利用して、ワラントをひっくり返せ

もうひとつ、実際の議論に応用できる反論の技を紹介しましょう。それは「ターンアラウンド」と呼ばれるものです。

これは、相手の出してきたデータをそのまま利用して、ワラントを逆向きに変えることによって相手の主張（クレーム）をひっくり返して、自分の主張（クレーム）のためのデータとワラントに変えてしまうというものです。

これも説明だけではわかりづらいでしょうから、具体例を見てみましょう。

「迷信は信じるべきか、否か」という論題で、否定側が「迷信は信じるべきではない」という主張をするために、「『丙午生まれの女性は夫を食い殺す』という迷信のために、一九六六年生まれの人が前年比約二二%も減少した」というデータを出し、「人口減少という悪影響が出た」というワラントを出してきたとします。

これに対して、肯定側は「『丙午生まれの女性は夫を食い殺す』という迷信のために、一九六六年生まれの人が前年比約二二%も減少した」というデータはそのまま認めたうえで、相手のワラントを逆向きにひっくり返してしまいます。つまり、「人口減少は悪影響などではなく、むしろいいことだ」というワラントに変えてしまうのです。

「人口増加は食糧難を引き起こす」とか、「人口増加によって、多くの人がさらなる経済成長を望めば、深刻な地球環境破壊が起こり、人類滅亡につながる」といったようなB論理を用いて、「一九六六年の人口減少により、食糧難を回避でき、環境破壊が抑制されて、人類滅亡を免れた」と主張できれば、「迷信はどんどん信じるべし」というクレームが成り立つことになります。

もちろん、実際には再反論されることになるでしょうから、ここではあくまでもターンアラウンドとはどういうものかの例として読んでください。

実際の議論の場でも、相手のデータがむしろ自分の主張を補完するものだと考えられる場合は、このターンアラウンドが有効に使える場面になります。

先日、私はＪＥＴＲＯ（日本貿易振興機構）で、キューバへの投資の可能性について話す機会がありました。私だけでなく、何人かの人がしゃべったのですが、全員の話が終わったあとで、会場の方からの質問を受け付ける時間がありました。

その質問のコーナーで挙手をしてしゃべり始めた人がいたのですが、その人は、その昔、キューバへの投資で大損失をこうむったと言い、「だからキューバへの投資なんてすべきではない」と、まさに会そのものを否定し、会の参加者の参加意義まで否定する発言をしたのです。

まあ、大損失をこうむったというデータは事実なのでしょうから、私はその人に少しだけ哀れみを投げかけるふりをしながら、ターンアラウンドで反論することにしました。

ここでの彼の主張（クレーム）は「キューバ投資はすべきでない」、データは「以前、キューバに投資して大損失をこうむった」です。これに対して「大損失をこうむったのは、キューバ人は経済行為に不向きで、まじめに働かないろくでもない連中だからではなく、アメリカの経済封鎖があったからではないのですか」と質問します。彼はそれを認めました。

ターンアラウンドはワラントを逆向きにする、すなわち「『あなたが以前、キューバに投資して大損害をこうむったのは、キューバの経済が最悪で、キューバ人たちがろくに働かない、どうしようもない連中だったから』ではなく、単に『キューバ危機によって、アメリカが強烈な経済封鎖を仕掛けたからではないか』」と主張するわけです。

そして、「アメリカはここ数年で、キューバへの経済封鎖を解除する可能性がある」と主張します（もちろん、実際にはデータとワラントが必要になりますが、必ずしもその場で開示しなければならないわけではありません）。すると、「彼が大損害をこうむった理由が取り除かれるのであれば、むしろ投資すべきである」と主張できるようになるわけです。

**相手の主張に対して、「ちょっと待てよ。それって、こちらの主張に利用できる話じゃないのか」と疑ってみることが、ターンアラウンドの技術を鍛えることにつながります。**

相手のデータを認めたうえで、ワラントを逆向きに変えて、自分の主張の論拠にしてしまう。ターンアラウンドが得意な人は、自分でデータを集めなくても、相手のデータを自分のデータのように使ってしまうことができます。これが得意になると、どんなことにでも反論ができるようになるのです。

## ◉論理的な話し方を身につける

ここで、実際にトゥールミンロジックのトレーニングをしてもらうことにしましょう。

あなたは、大手電器メーカーに勤務しています。そこでの戦略会議という設定です。主張（クレーム）は「家庭用ソーラーパネルの製造に着手すべきである（すべきではない）」です。

頭の中で反論をあらかじめ想定しながら、空欄に書き込んでいってください。何度でも書き込めるように、コピーして使うとよいでしょう。

トゥールミンロジックの構造は、はじめのうちは複雑に感じますが、慣れてくるとしだいに身に付いてきます。論理的な話し方を身に付けるためのポイントは、こうした論理的な構造を、言葉の並びではなく、頭の中にイメージとして描きながら論理展開することです。

トレーニングに関して、少しだけ解説しておきましょう。

ハーム（問題性）は、「(そもそも収益を上げる必要があるのか)」と「(地球温暖化は大きな問題なのか)」と「本当に地球温暖化は起きているのか。この一〇〇年で約〇・七度上昇したというデータはあるが、一〇〇年前の観測データの信憑性は吟味したのか」としました。最初の二つにカッコをつけたのは、反論するための疑いという意味ではありうるものの、このケースでは会社が収益を上げる必要があるのは自明であるし、地球温暖化が本当に起こっているとすれば問題があるのは明らかなので、実際には主張はしないということです。

次のインヘレンシー（内因性）は「地球温暖化は本当に化石燃料の燃焼が原因なのか」としました。温室効果ガスというものにはいろいろな種類の気体があるのですが、なぜか$CO_2$ばかりが悪者にされています。$CO_2$を削減しても、他の温室効果ガスが多く排出されれば、地球温暖化は防げません。ちなみに、ただの水蒸気でも温室効果はあります。

ディスアドバンテージ（不利益）は、「ソーラーパネルを製造することで、製造時に発生する環境負荷がかかり、かえって地球温暖化に悪影響を与える」「ソーラーパネル製造のための設備投資や製造コストを考えると、かえって収益を圧迫することになる」としました。**太陽電池の最大の問題点は、エネルギー効率の悪さです。製造時に発生する環境負荷のほうが製造後に抑えられるエネルギーよりも多い可能性があります。**当然、コストもかかることになります。

書き込み例

## クレーム

[ ●わがM電器は家庭用ソーラーパネルの製造に着手すべきである。 ]

## データ

[ ●地球温暖化への懸念によってソーラーパネルの需要が高まっている。

●ソーラーパネルを製造しているS社やK社は収益を収めている。

●アメリカではベンチャー企業もソーラーパネルで高い収益を上げている。 ]

## ワラント

[ ●ソーラーパネルの需要の高まりにより販売台数が伸びるので、会社の
利益に貢献し、また環境にやさしい企業という社会的イメージもアップする。

●ソーラーパネルの普及によって、地球温暖化防止に貢献することができる。 ]

## ●バッキング

[ ●電力会社による買い取り義務化など、行政による支援策があるので、
さらなる需要増が見込める。 ]

## ●リザベーション

[ ●他の代替エネルギーによる巻き返しもありうるが、現在のところ、ソーラー
パワーが最も普及している。 ]

## ●クォリファイアー

[ ●2008年の世界の太陽電池の生産量は2007年比86%増、2005年比
では3倍以上である。 ]

## ●論理的な話し方のためのトレーニング

### クレーム

[　　　　　　　　　　　　　　　　　　　　　　]

### データ

[　　　　　　　　　　　　　　　　　　　　　　]

### ワラント

[　　　　　　　　　　　　　　　　　　　　　　]

### ●バッキング

[　　　　　　　　　　　　　　　　　　　　　　]

### ●リザベーション

[　　　　　　　　　　　　　　　　　　　　　　]

### ●クォリファイアー

[　　　　　　　　　　　　　　　　　　　　　　]

うまく書き込みはできたでしょうか。

ここでは、具体的な例を右に記しておきます。あくまでも一例ですので、実際はいろいろな答えが考えられます。

## ケースサイド（必要性）への反論例

### ●ハーム（問題性）

- （そもそも収益を上げる必要があるのか）
- （地球温暖化は大きな問題なのか）
- 本当に地球温暖化は起きているのか。この100年で約0.7度上昇したというデータはあるが、100年前の観測データの信憑性は吟味したのか。

### ●インヘレンシー（内因性）

- 地球温暖化は本当に化石燃料の燃焼が原因なのか。

## プランサイド（有効性）への反論例

### ●ディスアドバンテージ（不利益）

- ソーラーパネルを製造することで、製造時に発生する環境負荷がかかり、かえって地球温暖化に悪影響を与える。
- ソーラーパネル製造のための設備投資や製造コストを考えると、かえって収益を圧迫することになる。

### ●ソルベンシー（解決性）

- ソーラーパネルを作っても儲からない。ソーラーパネル市場への新規参入よりも自社の強みを活かして、家電製品に力を入れたほうが儲かる。
- ソーラーパネルの普及では地球温暖化は防げない＝地球温暖化の原因は$CO_2$ではない。

## ●論理的な話し方のためのトレーニング

最後に、これらに対する反論も書き込んでみましょう。あなた自身が書いたものへの反論でもかまいません。

こちらも右に例を記しておきましょう。

### ケースサイド（必要性）への反論トレーニング

**●ハーム（問題性）**

［　　　　］

**●インヘレンシー（内因性）**

［　　　　］

### プランサイド（有効性）への反論

**●ディスアドバンテージ（不利益）**

［　　　　］

**●ソルベンシー（解決性）**

［　　　　］

ソルベンシー（解決性）は、「ソーラーパネルを作っても儲からない。ソーラーパネル市場への新規参入よりも自社の強みを活かして、家電製品に力を入れたほうが儲かる」「ソーラーパネルの普及では地球温暖化は防げない＝地球温暖化の原因は$CO_2$ではない」としました。「自社の強みを活かして、家電製品に力を入れたほうが儲かる」という部分で、**具体的な別の商品企画を提案すれば、「カウンタープラン」という反論手法**になります。「会社の収益を伸ばす」という部分で言えば、別のこっちのプランのほうがいい、ゆえに「ソーラーパネルは製造すべきではない」という反論です。なお、「ソーラーパネルの普及では地球温暖化は防げない＝地球温暖化の原因は$CO_2$ではない」については、インヘレンシーのところで述べたとおりです。

ちなみにカウンタープランが有効であるためには、肯定側のプランと否定側のカウンタープランが「競合的」である必要があります。つまり、同時に成り立たない、もしくは同時に行うことが得策ではないという場合のみ、カウンタープランが有効になります。

さもなければ、肯定側は自分のプランに合わせて否定側のカウンタープランを取り込んで、同時に両方を行えばよいことになります。こういう肯定側の論理をパーミュテーション（permutation）といいます。

## ◉「論理的話し方」は、教育に取り入れるべき

ここまで、「論理的話し方」として、議論のための基本的な論理であるトゥールミンロジックについて見てきました。こうした論理展開に慣れていない日本人にとっては、ちょっと難しいと感じたかもしれません。

ですが、アメリカなどでは、小さい頃から学校でロジックを学ぶため、ある程度しっかりとやった人なら、当たり前の論理展開です。

国際社会といわれて久しいですが、現状を見てみますと、特に政治や経済の分野で、「グローバルスタンダード（世界標準）」などと言いながら、実は「欧米標準」を無理やり押し付けられているという場面が多く見られます。和を尊ぶ日本人は、小さい頃から議論を戦わせることを当然のように学んでいる欧米の人たちに、議論でやり込められてしまうのでしょう。

繰り返しになりますが、日本が鎖国でもしない限り、今後も国際社会で欧米、あるいは全世界の人たちと議論を重ねながら、政治や経済、あるいは文化までも、国際化していかなければなりません。

そうした場面では、どうしても議論の強いほうが主導権を握ることになります。**議論す**

**る力がないと、ただひたすらやり込められ続けるだけの国になってしまう**のです。大きな国益がかかった場面では、日本式の「接待」や和を重んじる「あいまいさ」は何の武器にもなりません。つまり、**日本人が今後、国際社会で生き抜いていくためには、トゥールミンロジックを身につけることが不可欠**だということになります。

本書で、他の本ではほとんど触れられていない「論理的話し方」についてあえて述べているのは、今後、日本人の国際舞台での発言が増えたとき、世界の人々と本当の意味で対等に話ができるための話し方を身につけてほしいからです。

そのためには、私は子どもの頃から論理的に考える癖をつけること、具体的には学校教育にトゥールミンロジックを学ぶカリキュラムを取り入れるべきだと考えています。

これは、小さいうちから論理的思考に慣れさせて、「論理的話し方」を身につけてもらうという意味と、日ごろから論理的思考をする癖をつけることで、一人ひとりの論理思考力そのものを高めるという意味があります。日本という国で見た場合にも、個人という視点で見た場合にも、大きなメリットがあるわけです。

ただ、最大の問題点は、残念なことに、指導できる先生がいないということです。論理の重要性に気付いて、論理を学ぶ先生も増えてきているのかもしれませんが、日本の場合、現場の先生一人ひとりの力ではどうにもできないことが多すぎます。文部科学省が音頭を取って動かさない限り、なかなか変わってはいかないでしょう。

## ◉論理的話し方の源流は競技ディベートにある

さて、ここまで「論理的話し方」を身につけるためのトゥールミンロジックの基本について見てきました。トゥールミンロジックは現実の世の中で使いやすいようにできている論理体系なのですが、これをシンプルな形で表現しているのが「ディベート」です。つまり、トゥールミンロジックを身につけるには、ディベートを学ぶことが最も近道だとも言えます。

ここで言うディベートとは、本格的な競技ディベートを指します。ディベートの本場アメリカにはさまざまな流派のディベートがありますが、アメリカのディベート教育で最も歴史があり、かつ最も競技性の高いディベートにＮＤＴ（National Debate Tournament）というものがあります。これは競技会の名称であるとともに、今日のスタンダードなディベートスタイル（証拠資料に基づいた論証を重視するディベートスタイル）の別名でもあります。

私はアメリカに留学していた頃、このＮＤＴで実際に競技ディベートを行っていました。

論理と論理を戦わせる競技が「ディベート」なのです。

ところが、日本では「ディベート」がスピーチコンテストのようなものだと勘違いされて広がってしまっています。スピーチコンテストの場合、たいてい「情動的話し方」をしたほうが、いい成績が取れます。審査員の感情を揺さぶることができるかどうかが採点基準の大部分を占めていたり、いわゆる表面的な「話し方」のテクニックが評価の対象となるからです。

しかし、本来のディベートは情動を一切排して、論理（トゥールミンロジック）の優劣だけで勝敗を決めるものです。論理さえしっかりしていれば、話し方のテクニックとか、話の内容が感動的かどうかということはまったく関係ありませんし、感動的な話を上手に話したとしても、論理がめちゃくちゃだったら評価は低くなります。

ただ、最近は本場アメリカの競技ディベートも、一部にはスピーチコンテスト化しつつある傾向があるようです。これは非常に嘆かわしいことであり、ディベートがもつ「論理的思考力を鍛える」という大きな目的が損なわれてしまう可能性が増す、とても危険な傾向だと思います。

なぜ、アメリカのディベート競技会までもがスピーチコンテスト化してしまっているかというと、スポンサーの意向が大きく反映されてしまっているからです。ディベートをシヨーのようにして、一般アメリカ人にも受け入れられやすいエンターテイメント性を出そうという、商業化の影響のようです。

また、競技ディベートというのはスポーツと同じで、優れた競技者だけが勝ち上がれるものです。スポーツなら当たり前なのですが、なぜかディベートでは「それでは一部の限られた人が勝ってしまって、ずるい」と言われてしまっているようです。あまりディベートが得意じゃない人（論理的思考が得意じゃない人）でも、ちょっと頑張れば勝てるようにしたほうがいいという考え方です。

でも、スポーツの世界で「テニスはある一部のテニスが上手な人だけが勝ってしまうから、ずるい」などと言われることはありません。「あまりテニスが得意じゃない人でも、ちょっと頑張ればウィンブルドンで優勝できるようにしたほうがいい」などと考える人がはたしているでしょうか。

私は、ディベートは徹底的に情動を排し、純粋に論理だけで勝負する世界でなければならないと考えます。競技である以上、スポーツと同じ基準であるべきです。論理的思考力に優れた人だけが勝てる世界だからこそ、論理的思考の訓練としてディベートが有効なのです。

なお、ディベート（特にＮＤＴ方式の競技ディベート）について詳しく知りたい方は、拙著『超人脳の作り方』（アスコム刊）をお読みください。本格的な競技ディベーターのためのテキストとして書いたものですが、トゥールミンロジックについてさらに詳しく書かれてありますので、参考になるでしょう。

## ◉本物の討論とテレビ討論の大きな違い

夜中のテレビでよく、テレビ討論のような番組をやっています。政治、経済などが議題に上がることが多いようですが、はっきり言って、たいがいの出演者はレベルが低すぎます。自分では論理でしゃべっていると思っているのかもしれませんが、ほとんどの人に論理の欠片もありません。

大きな声でしゃべる人間や口数の多い人間の意見ばかりがまかりとおったりします。データを出して、ワラントを出して、クレームを言う人がいても、「そんなものどうでもいいんだよ」などと言って無視したり、しまいには「バカやろう！」などと怒鳴るしまつです。

政治や経済の議論は、完全に論理の世界で展開されなければならないのに、自分の意見を否定されただけで「バカやろう」などという情動の世界を展開して、相手の人格攻撃までしてしまうというのでは、話になりません。

読者のみなさんが、「上手な話し方」とは、そんな、人の意見を情動で否定する話し方だと思っていたとしたら、いますぐ考えを改めてほしいと思います。

実は私自身、朝まで討論するようなテレビ番組に呼ばれて出演したことがあります。共演者にみな、論理の欠片もなく、あまりに低レベルな話に終始した挙句、「バカやろう」の人格攻撃が始まったので、私はCMの合間にトイレに行くふりをして途中で帰ることにしました。

ディレクターがあわてて引き止めにきたので仕方なく戻りましたが、「もう、この番組には出ないよ」と言って、あとは何もしゃべりませんでした。「情動的話し方」しかできない人たちと、論理でしゃべっても通じないと思ったからです。

「議論って、夜中にやっているテレビ討論みたいなやつでしょ」などと言う人がいるのですが、断じて違うと言っておきたいと思います。

## ◉〝根拠〟を示すことで、主張は初めて成り立つ

データやワラントがなければ、論理のルール上、クレームは成り立ちません。国際的なビジネスの場など「論理的話し方」をすべき場面で、「私はこう思う」では話にならないわけです。なぜそう思うのかについてきちんと説明しなければ、言われたほうも困ってしまいます。

「何の裏づけもないのにいい加減なことを言うな」と言われても仕方ありません。何らかの主張をするときには、データとワラントは必須だということです。「データ」「ワラント」「クレーム」の三つを一セットにして主張しなければ、主張にはなりません。

情動的話し方をする場面でなら、「私はこう思う。あなたはどう思う？」でも問題ないでしょう。しかし、論理的話し方をする場面では、これは何も言っていないのと同じです。客観的により正しい判断を下そうという場面で、「根拠はないけど、私はこう思う」などと言われても、何の意味もありません。

もっとも、「私はこう思う」ならまだマシなほうかもしれません。先ほどのテレビ討論の例のように「バカやろう」などと言って、クレームすらないケースも多々あります。

なぜ相手が「バカ」なのかについて、「データ」「ワラント」「クレーム」で主張するの

であればまだいいのですが、自分の意見を否定されて、それに反論できないがゆえの感情的な「バカやろう」なので、何の主張もありません。

## ◉日本語でも論理的話し方はできる！

まれに、「英語は論理的な言語だが、日本語は非論理的な言語だ」などという意見を聞きます。本書の趣旨に即して言えば、「英語は論理的話し方に適した言語だが、日本語は情動的話し方に適した言語だ」ということになるのでしょう。

ですが、そんなことはけっしてありません。

言語に、論理的な言語とか非論理的な言語などという区別はありえません。もしあるとすれば、それは言語を使っている人の違いだけです。つまり、英語圏の人たちは論理的な話し方をするが、日本語圏の人（日本人）は非論理的な話し方をするということはありえます。

時代の節目に差し掛かると、なぜか「国語外国語論」が湧いて出てきます。明治維新、第二次大戦直後と、日本が危機的状況に陥ったりすると、「日本がこんな状態になったのは日本語のせいだ。外国語を国語にしていれば、日本はその国のようにもっとよくなっていたはずだ」と言い出す人が出てくるのです。

**国がいい方向へ向かうかどうかと、その国の人がどんな言語を使っているかは関係ありません**。どこかに責任を見出したくなるのはわかりますが、それを言語のせいにしてはいけません。国の方向性も、論理的思考力も、言語のせいではなく、自分たちという人間の問題であることを自覚しなければいけません。

## 第一章のまとめ

●ビジネスに「情動」を持ち込むのはアンフェア。
●まずは「三段論法」を捨てること。現実では使えない机上の空論。
●「論理的話し方」の基本は、「データ」「ワラント」「クレーム」にある。
●物事を主張するには、それを裏付ける「事実」と「論拠」が伴うこと。
●主張する際には、反論も想定しておく。
●論理的話し方を強化するには、「B・Q・R論理」を使う。
●論理的に反論するには、「必要性」と「有効性」を疑うこと。
●ターンアラウンドで、相手のデータを利用してワラントをひっくり返すこともできる。
●カウンタープランとして具体的な代案を提示し、反論することもできる。
●論理的話し方の源流は競技ディベートにある。
●「私はこう思う」ではなく、根拠を示すこと。
●特定の国の言葉が論理的話し方に適しているということはない。

第二章

# 人の心を動かす〈情動的話し方編〉

## ◉言葉そのものに意味はない

この章では、「情動的話し方」について見ていくことにします。序章でも書いたとおり、本来なら、ビジネスなどの意思決定が伴う場に「情動的話し方」を持ち込んではいけません。しかし、人間というのは情動を持つ生きものですし、ビジネスの場で情動を排して論理を理解してくれる上司は残念ながら少ないといえます。そのため、ちょっとずるい「禁断法」を知っておくことも必要でしょう。

目的を達成できるのが「上手な話し方」ですから、使うか使わないかはともかく、目的達成のためのテクニックを多く持っておくに越したことはありません。

また、家族や恋人、友人などとの会話や、結婚式や送別会などでのスピーチといった、情動が優位な場面（「論理的話し方」がそぐわない場面）はあります。そのようなときに、以降で説明する話し方のテクニックを身につけることは有効です。大切なのは、「使う場面を明確に切り分けること」です。この点をしっかりとふまえてください。そのうえで、以降の解説をお読みください。

さて、上手に話をしたいという人の中には、「上手に言葉を選んで、的確な表現をしたい」と思っている人も多いようです。

ここで多くの人が陥っている勘違いを正しておきたいと思います。それは、「言葉にはもともともっている意味があって、その取捨選択や組み合わせによって、上手な言葉が作られる」という誤解です。

先に結論を言っておきますと、**言葉そのものに確定した意味はありません**。

「そんなバカな。『りんご』という言葉は、あの木になる赤いりんごを意味するに決まっているじゃないか」

そう反論されるかもしれません。しかし、そうとは限らないのです。

目の前に青りんごが並んでいる状況で「りんご」と言えば、その青りんごのことを指すでしょうし、戦後間もなくの話をしている状況で出てくれば、『リンゴの唄』を指しているかもしれませんし、ビートルズの話題で盛り上がっている状況で出てくれば『リンゴ・スター』のことを指している可能性が高いでしょう。

りんごが大好きな老人が奥さんに向かって「りんご！」と叫んだとしたら、おそらく「りんごが食べたいから早く持って来なさい」という意味でしょうし、逆にりんごが大嫌いな人が目の前にりんごを見せられて、「りんご！」と叫んだとしたら、「見たくもないから、どこかへ片付けてくれ」という意味になるかもしれません。

これは詭弁でも屁理屈でもありません。

言葉とは**「状況（文脈、コンテクスト）が意味を決める」性質をもっている**のです。

私がよく使う例ですが、女性が男性に向かって「ジョン！」と叫んだとします。この「ジョン！」はどういう意味かと問われても、状況がわからなければ答えようがありません。「ジョン！」という男性がいて、女性がその男性に何か用件を伝えようとしているのだろうという程度はわかるかもしれませんが、そこまでです。

では、空港で女性が涙を流しながら、荷物を持った男性に抱きついている状況での「ジョン！」だったらどうでしょうか。「行かないで」とか「さびしいわ」とか「私を忘れないでね」とか、そういう意味で使われているとわかります。

走っている子どもに向かって、女性が「ジョン！」と叫んでいたらどうでしょう。「待ちなさい」とか「危ないから走るのはやめなさい」とか、おそらくお母さんが子どもに何らかの注意をしているのだろうとわかります。

トイレの前で扉を叩きながら、中にいる人に向かって「ジョン！」と叫んでいたとしたら、「早く出て」という意味だろうとわかります。

同じ言葉でも、状況次第で全然違った意味になるのです。特殊な例を選んだわけではありません。言葉とはそういうものなのです。

文章でも同じです。前後の文脈を無視して、ある言葉だけを切り取ってもってくることで、元の意図とまったく違ったものになるということがよくあるでしょう。**言葉の意味とは、常に状況や文脈とともにある**のです。

スイスの言語学者フェルディナン・ド・ソシュール（一八五七〜一九一三）は、「言葉と意味の関係は恣意的である」と言っています。常にどういう意味になるかわからない緊張感をもっているのが言語なのです（ただ、私はソシュールの「シニフィアン（言語表現）」と「シニフィエ（言語内容）」という考え方はちょっと違うかなと思っています）。

ですから、あなたが使った言葉に関して、相手があなたの思った意味通りに解釈してくれるという保証はどこにもありません。いや、むしろぴったりとあなたの思ったとおりの解釈をしてくれることはまずないと思っていいくらいです。聞き手（複数の場合もある）と話し手との関係性によって、同じ言葉でも意味が異なってしまうからです。

こういったことがわかると、話し方で大事なことは、実はどのように話すかという話し方の技術などではなく、話をする状況であることがわかります。

つまり、話す状況、話の場を支配できるかどうかが、話がうまく相手の心に伝わるかどうかのカギなのです。

## ◉なぜオバマ大統領のスピーチはすばらしかったのか？

二〇〇八年末、アメリカ合衆国は四年に一度の大統領選挙で大いに盛り上がりました。そして、「Change（チェンジ）」「Yes we can（イエス・ウィーキャン）」を合言葉にした民主党のバラク・オバマ氏が大統領に当選しました。

オバマ氏の演説にアメリカ国民の多くが熱狂し、根強い人種差別が未だに残る中で、黒人初のアメリカ大統領が誕生したのです（と言われていますが、オバマ大統領は正しくは黒人ではありません。母親は白人なので「ムラート」です。「初のアフリカ系大統領」という言い方なら問題ないでしょう）。

この異様な熱狂振りは、日本のテレビでも何度も放映されましたから、記憶に残っている人も多いでしょう。

では、オバマ大統領の演説というのは、そんなに上手なのでしょうか。私たちが「話し方」のお手本として学ぶべきものなのでしょうか。

もちろん、下手ではないでしょう。ただ、国民の多くが熱狂するほど特別上手だというわけでもないと思います。

その証拠に、その後のオバマ大統領の演説には、当時のような熱狂振りはありません。

アメリカで国民皆保険を目指す演説をしたときなど、むしろ、ブーイングを浴びたくらいです。

もし、オバマ大統領が演説の達人で、人々を熱狂させる話し方の技術を持っていたとしたら、演説でブーイングを浴びるなんてことはあるはずがありません。その技術を駆使して、常に聴衆を熱狂させ続けていたはずです。

では、高度な話し方の技術を持っているわけではないオバマ大統領が、聴衆を熱狂させることができたのは、どうしてなのでしょうか。また、選挙のときには熱狂した国民が、その後、熱狂しなくなってしまったのはどういうわけなのでしょうか。

そうです。**オバマ大統領は、「話す状況」を上手に支配していた**からなのです。

彼にとって幸運だったのは、彼自身が仕掛けたわけではない（あるいは、少ししか仕掛けていない）にもかかわらず、結果としてうまく状況を支配できてしまったということです。

前ブッシュ政権による中東での戦争は、大きな成果を得ることなく、むしろ泥沼化の様相を呈していました。それに追い討ちをかけるかのように、サブプライムローン問題に端を発した金融不安が、アメリカ経済、そして世界経済に襲い掛かりました。

アメリカ経済は失速し、政治においても経済においても、世界を牽引していたはずのアメリカが、その影響力を大きく低下させてしまったのです。

「強いアメリカ」という像は崩壊し、アメリカ国民はすっかり自信を失ってしまいました。

そこに現れたのが、「Change」「Yes we can」を叫ぶ、オバマ大統領だったのです。彼はまさしく、「強いアメリカ」復活の象徴的存在として登場し、国民の期待を一身に集めました。

国民は「強いアメリカ」復活のために、熱狂したくてうずうずしていたと言えるでしょう。オバマ大統領が話をする前に、熱狂するための「話す状況」が、すでにできあがっていたのです。

そんな状況であれば、極端な話、何を言っても熱狂するしかありません。「Change」とか「Yes we can」という言葉に、何らかの具体的な主張があるわけではありません。具体的な政策も語ったかもしれませんが、聴衆はそれよりも「アメリカが変わるだろうという期待感」に熱狂したのです。

これは、ナチス・ドイツのヒトラーにも同様のことが言えます。彼は演説の天才だと評されることがありますが、彼がうまかったのは演説そのものではありません。**彼の演説に国民が熱狂するように、「話す状況」を作り上げるのが抜群にうまかった**のです。

その状況と、彼の独特のしゃべりがうまくマッチしたことで、国民が騙されてしまうほどの熱狂を生み出したのです。

もし本当に彼の演説がうまかったのであれば、今、聞いたとしても、「うまいなあ」と感動したり、熱狂したりする人が多く現れるはずです。ところが、そういう話はとんと聞こえてきません。それは、彼の話に熱狂するような「話す状況」がすっかり崩壊してしまっているからなのです。

## ◉ポイントは「話す状況」にある

「情動的話し方」の場合、「話す状況」さえできあがっていれば、「話の内容」は実はあまり重要ではないとさえ言えます。「話す内容」などどうでもいいということではなく、状況によってはどんな話でも「上手な話し方」になりうるということです。

十数年も前ですが、私は徳島大学で助教授をしていたことがあります。地方の国立大学の助教授というのは、その地方ではけっこう「偉い」と思われているらしく、教え子の結婚式などには主賓待遇で招待されることがよくありました。

ある教え子の結婚式に招待されたときの話です。

宴もたけなわ、司会者から紹介された「新婦のおじいさん」が席を立ち、マイクの前に向かいました。親族を代表しての祝辞を述べるためです。

おじいさんは孫娘の晴れ姿に目を細め、うれしそうに話し始めました。孫娘が小さい頃からいかに育ってきたか、どれほど素直に育ってきたかなどについて語るおじいさん。そして、スピーチが盛り上がってきたところで、おじいさんはこう言ったのです。

「うちの孫が、このたび、新郎の家のお墓に入れることになりました。まことに、この上ない幸せです。いやあ、実におめでたい。長生きして本当によかった」

聞いていた人たちはみな感動していた様子で、披露宴のあとも「あの、おじいさんのスピーチがすばらしかった」と口々に言い合っていました。私も、おじいさんのスピーチはとてもすばらしかったと思いました。

でも、あとでよくよく思い出してみると、ちょっと変だなという気がしてきたのです。それは**「『新郎の家のお墓に入れる』というのは、新婦にとってそんなに幸せなことなのだろうか」**ということです。

いや、それ以前に、これが東京だったら、そもそもおめでたい結婚披露宴の席で「お墓」なんていう不吉な単語はタブーなはずです。

こんなふうに考えていくと、感動的だったおじいさんのスピーチは、実は突っ込みどころ満載の内容だったのです。

「ずっと仲良く死ぬまで添い遂げてほしい」ということが言いたかったのだろうと推測はできますが、それでも「死」を連想させることは、通常、おめでたい席ではあまり歓迎されません。

よくよく振り返ってみると意味不明だったり、不吉だったりするスピーチに、多くの人が感動したのはなぜなのでしょうか。

それは、**結婚披露宴という「話す状況」がすでにできあがっていたから**です。結婚披露宴という場でのスピーチは、基本的に新郎新婦を祝福する内容に決まっています。ですから、極端におかしなことを言わない限り、聞き手も祝福として聞くように準備しているのです。

そこに「お墓」とか「死ぬまで」みたいな言葉が出てきても、孫娘のことを思いながら朴訥としゃべるおじいさんの話は、感動的な「祝福」として受け止められるわけです。

また、空海の時代から『仏教』が根付いている四国では、夫のお墓に入れるというのがありがたい話として、ストレートに受け入れられたのかもしれません。

このように、「情動」に働きかける話し方の場合、「話す状況」さえできていれば、極端におかしなことでない限り、何をしゃべっても聞き手の「情動」のほうが勝手に「いい話」

として解釈してくれるのです。

このことがわかれば、「情動的話し方」の場合、「どんな状況をどのように作るか」が最大のポイントだということになります。

## ◉自分と相手の共通のゴールを作り出すテクニック

大統領選挙のスピーチや結婚披露宴のように、聴衆のほうがはじめから聞く気満々で、すでに「話す状況」ができあがっているというのは特殊なケースです。通常は、ニュートラルな状況で話をしなければならないことのほうが圧倒的に多いはずです。場合によっては、誰もあなたの話など聞きたくないと思っている状況で話をしなければならないこともあるでしょう。

その場合は、話し手であるあなた自身が、自分に都合のよい「話す状況」を作らなければなりません。**相手があなたの話を好意的に聞いてくれて、受け入れてくれる仕掛けをしておかなければならない**のです。

そのやり方ですが、原理はまったく難しいものではありません。

「**相手の目的＝ゴールを知り、自分の話がそのゴールに合致するものだと思わせて、相手**

**の情動を引っ張り出す**」のです。もう少し簡単に言えば、「あなたが、相手のゴールに合致した話をするということを相手に認識させる」ということです。

序章でも触れたように、「上手な話し方」「いい話し方」とは、「目的を達成できる話し方」のことですから、相手があなたの話で自分の目的を達成できる、あるいはできると思わせる話し方をすればいいということになります。

とはいえ、相手の目的＝ゴールを知って、その目的＝ゴールに合致する話をする、あるいはそれができるということを相手にわからせるというのは、簡単なことではありません。とにかく、相手がどういう人かを知らずにはできません。

よく、いきなり自分の言いたいことだけを言いまくってしまう人がいます。こういう人はたいてい相手に引かれてしまって、「ああ、自分はやっぱり話し方が下手なんだ」と落ち込んだりします。

**これは話し方が下手なのではありません**。「**話す状況**」**を作ることが下手なのです**。

あなたやあなたの話に対してニュートラルな状況にいる相手に、いきなりあなたの言いたいことだけを言っても、相手は興味を示しませんし、むしろ防御バリアを張ってあなたの話をブロックしようとすることでしょう。

たとえば、女装が趣味の男性が、初対面の人に「女装がいかにすばらしいか」を語っても、相手は聞く耳をもたないでしょう。女装のすばらしさについて語れば語るほど、相手に嫌われてしまう可能性が増すと言えます。

**「話をするときには目的＝ゴールをしっかり持つことが大事です**。つまり、「あなたは何のためにその相手と話をするのか」ということです。目的＝ゴールがなかったら、「目的を達成できる話し方」ができるわけがありません。

この場合、「なぜ相手に女装のすばらしさを説こうと思ったか」ということです。おそらくは、「相手と仲良くなりたかったから」だと思います。このゴールを満たすには、別に女装の話をしなくてもいいはずです。

むしろ、相手の興味のあるものを把握して、その話をしたほうが仲良くなりやすいはずです。「自分の興味のあることについて、より深い話をしてくれそうだ」とわかれば、相手は「自分の興味のあることをあなたから深く知る」という目的＝ゴールが生まれます。それを達成させてあげれば、「上手な話し方」になるわけです。

相手が映画好きなら、映画の話をすればいいでしょうし、スポーツ好きならスポーツの話をするほうがきっと仲良くなれるでしょう。わざわざ女装の話をする必要はありません。

もし相手がファッションに興味があるとわかれば、女装の話ではなく、自分が女装するときに着るファッションの話をすればいいでしょう。これなら、相手のゴール（ファッションの話がしたい）とあなたのゴール（女装の話がしたい）の共通点で話をすることができるかもしれません。どうしても女装の話がしたくなったら、「ファッションを理解するために、自分で着てみたこともある」とでも言っておけばいいでしょう。ファッションについてひとしきり盛り上がったあとなら、それほど嫌がられないはずです。少なくとも**いきなり「女装が趣味なんです」などと言うよりは、はるかに受け入れられやすい**でしょう。

このように、あなたのゴールがはっきりしていれば、そのゴールを相手のゴールと合致させることによって、あなたにとって有利な「話す状況」を作ることができます。

ただし、相手のゴールがわかったとしても、そのゴールに話を合わせるためには、そのゴール（相手の興味）の内容に詳しくなる必要があります。映画好きの相手と映画の話をするには、あなた自身にもかなりの映画の知識がないとできません。相手と同じくらい精通する必要があります。

もし相手のゴール（興味）とあなたのゴール（興味）との共通点がみつかれば、その共通点の部分の話に徹すればいいことになります。相手が映画好きで、あなたが小説好きだったとしたら、あなたは映画化された小説についての話に徹すれば、映画に精通していなくても「話す状況」を作れます。あるいは、映画と小説の類似点と相違点とか、『○○』

という映画は見ていないが、小説ではこうだった。もし君が見ていたら、どうだったか教えてほしい」というような会話も成り立つことでしょう。

**相手のゴール（興味）と自分のゴール（興味）の共通点さえ見つけ出せれば、あとはその話を徹底的にするだけです。**

## ◉あなたの存在を、相手にとって重要なものにする

相手とゴール（興味）を共有し、「話す状況」を作ってその臨場感空間を共有するためには、実は前提となる重要な条件があります。

それは「**相手にとってあなたの重要度が高くなければならない**」ということです。「相手にとっての重要度」とは「相手にとっての存在感」と言い換えてもいいでしょう。

相手にとってあなたの存在感が薄ければ、あなたがどんなにすばらしいことを言おうと、どんなに相手にとって有益なことを言おうと、相手は聞く耳をもってくれません。聞いているような素振りをしていても、ほとんど右から左へ受け流してしまいます。**話が耳に達していても、脳が認識してくれない**のです。

せっかく相手のゴールと自分のゴールの共通点を見つけても、相手にとってあなたの重

要度が低かったら、聞く耳すらもってもらえません。

ですから、本題の話をする前に、相手の中でのあなたの重要度を高めておく必要があります。

それほど難しいことではありません。相手のゴールがわかっているわけですから、その話題をことあるごとにしておけばいいだけです。

特に大きなゴールでなくても、ちょっとしたことでかまいません。たとえば、好きな芸能人の話題とか、音楽でジャズが好きならジャズの話題とか、好きな映画の話題とか、もっと簡単なもので言えば、好きな食べ物などでもいいでしょう。

**相手をしっかりとプロファイリングして、相手の興味のあるものについてのある程度の話ができるように、あなたもその話題についての情報を集めます**。そして、自分もそのことに興味があるかのように、少しずつ話題にしていけばいいでしょう。

これをするだけで、相手の中であなたの存在の重要度が増します。

初対面ではなかなか難しいので、そのときは「いまはプロファイリングの時間だ」と思って、徹底的に相手の興味を探るといいでしょう。

それまで存在感ゼロだったとしても、自分の興味のあることについて、あなたが何らかの情報をもっているとわかれば、あなたという存在の重要度は一気に増すことになります。

## ◉臨場感空間を支配するハイパーラポールとは

「話す状況」を共有することは、お互いの親近感を生み出します。心理学用語でいう「ラポール」が生み出されます。お互いのゴールを共有することでラポールが生まれ、相手に話が伝わりやすくなるわけです。

このラポールの次のステップに「ハイパーラポール」というものがあります。「話す状況」を共有するのがラポールだとすれば、ハイパーラポールはその「話す状況」の支配者に対して、被支配者がもつ感情と言えます。

「話す状況」＝「共有している臨場感空間」を支配している人に対しては、より強いラポールが生まれるのです。つまり、**共有している臨場感空間を支配できれば、共有するだけの状態よりもはるかに強いラポールを発生させることができる**、ということです。

ハイパーラポールの有名な例に「ストックホルム症候群」があります。

一九七三年、スウェーデンのストックホルムで銀行強盗が人質をとって立てこもるという事件が起こりました。警察の懸命の努力により人質は解放されたのですが、なぜか人質だった人たちは警察には非協力的で、犯人をかばうような証言をし、あげく、人質の一人が犯人に愛の告白をして、結婚してしまったのです。

恐怖を伴う強烈な臨場感空間を共有したとき、その空間の構成員は空間の支配者に対して強いラポールを感じます。これがハイパーラポールです。

つまり、臨場感空間を共有して、その支配者になれれば、相手はあなたに対して強い親近感＝ハイパーラポールを感じてくれるようになります。**相手がハイパーラポールを感じた状態なら、あなたが何を話そうが、相手はあなたの話に熱狂することでしょう。**あなたの話のすべてが魅力的に感じることでしょう。

## ◉相手の視線で表現し、臨場感空間を支配する、禁断の裏技

臨場感空間を支配するための技術を紹介しましょう。

まずは「**相手の視点から感覚的に相手の体の中に入って、相手が見ているもの、聞いているものなど、五感で感じているものをすべて言葉で言い表してあげる**」という技です。

たとえば、相手がソファーに座っているとしたら「いまソファーの感触をお尻が感じています」と言い、音楽が流れていれば「静かにジャズが流れています」と言い、目の前のテーブルに花瓶が置いてあったら「目の前に花瓶が見えます」と言ってあげます。このとき、相手の臨場感（リアリティ）は、五感からあなたが言った言語へと移ります。あなた

が言語で表現したことが、相手の臨場感空間になるのです。

このときすでに、あなたはこの臨場感空間の支配者になっています。話をしていることが臨場感となっているわけですから、その支配者は間違いなく話者であるあなたです。

このとき、低い声を使ってゆっくりとしゃべると、相手にはあなたに対するラポールが生まれます。ここで本題を話し始めれば、**何を言ってもあなたの言っていることを、相手は自分のゴールだと勘違いしてくれます。**

相手の五感を言語化するだけですが、特に重要なのが「相手の目線になる」ということです。

話の最初に、相手の目線になることは、相手に話を受け入れさせる上で非常に重要です。たとえば、オバマ大統領のスピーチには「YOU（あなたがた）」という単語はほとんど出てきません。「YOU」を使いたい場面では、必ず「WE」とか「US」（私たち）という単語が出てきます。

この単語によって、オバマ大統領は**聴衆の目線になり、臨場感空間の支配者になった**のです。

さらに、相手と同化することができるとラポールの度合いが増します。相手と同じ速度で呼吸して、相手と同じ速度で瞬きをして、相手と同じ動きをします。もし、相手の目を見て、相手もあなたの目を見ることができる環境であれば、「うれしい」「楽しい」「気持ちいい」「すがすがしい」「誇らしい」の五つの感情をリアルタイムで感じながら目を見ると、そこにラポールが生まれます。

ただし、このレベルの臨場感空間支配はそれほど強くありません。

もう少し強く支配する技としては、まず相手をわざと興奮させておいて、頃合いを見て、一気にリラックスさせてあげるという技があります。これをすると、**リラックスできた相手は、すごく友好的になるのです。**

興奮させるというのは、怒らせることではありません。なるべく敵対的にならないようにしながら、相手が興奮するようにするのです。相手に興奮するような出来事を思い出させるのが一番なのですが、そのためには相手からいろいろな情報を引き出して、興奮するような出来事を探し出さなければなりません。

話し方のテクニックとしては、興奮させるときにはなるべく早口でしゃべり、リラックスさせるときには、ゆっくりと落ち着いた話し方にするのがいいでしょう。もちろん、相手がリラックスできる話題に変えてあげる必要があります。

なお、**以上は禁断の裏技です。くれぐれも悪用は控えるようご注意ください。**

## ◉デートでうまくいく映画の見方とは

強い臨場感を共有してその臨場感空間の支配者になれば、ハイパーラポールが生まれ、あなたが何を話そうと相手はあなたの話に熱狂してくれるようになります。

強い臨場感を共有するのに最も手っ取り早いのが「恐怖」だというのは、ストックホルム症候群の話で理解してもらえたかと思います。ですから、ホラー映画を一緒に見たり、渓谷のつりばしを一緒に渡ったり、ジェットコースターに一緒に乗ったりすると、とても強い臨場感を共有することができます。

初めてのデートで一緒に映画を見に行くという人も多いかと思います。ですが、デートで恋愛映画を見てしまうのはよくありません。相手は映画に強い臨場感を覚えます。恋愛映画の主人公は、たいてい二枚目俳優です。その二枚目俳優に彼女が臨場感を覚えてしまったら、まずあなたに勝ち目はありません。横を向いて、比べられた瞬間に終わりです。その臨場感空間を支配できないのです。

**初めてのデートには、ホラー映画がベスト**です。恐怖体験を共有でき、しかもあなたがその臨場感空間を支配することができます。最初の頃は一緒になって「わー」とか「ぎゃー」とか叫んでいいでしょう。これによって、恐怖の共有化ができます。しかし、いつまでも一緒になって怖がっていてはいけません。臨場感空間の支配者になれないからです。いつの間にか堂々として、「俺に任せておけば全然怖くなんかない」というような態度をとることができれば、この空間の支配者となることができます。

つりばしもジェットコースターも同様です。あなたが本気で怖がってしまってはダメです。怖がっているあなたを見て、相手が「大丈夫、怖くなんかないよ」などと言おうものなら、その空間の支配者は相手に移ってしまい、あなたが相手にハイパーラポールを覚えてしまうということになります。これでは意味がありません。

デートでの食事も重要です。なぜか多くの人が、ちょっと奮発して、普段は絶対に行かないような高級レストランを予約したりしますが、これは最悪です。自分が居心地が悪いようなところでは、その空間の支配者にはとてもなれないからです。

普段、行きなれた居酒屋で普段どおりの注文をするのが最もいいのです。このとき、「きみは何にする?」なんて、相手に注文を聞いてはいけません。**注文は全部、あなたが決めましょう**。これによって、あなたがこの臨場感空間の支配者になれるのです。

高級レストランなどでは、わざわざシェフやウェイターがやってきて、メニューの説明をしてくれることがありますが、話し始めたらすぐにやめさせましょう。話をするお店の人が臨場感空間の支配者になってしまって、ハイパーラポールをお店の人に持っていかれてしまいます。とにかく、語るのはあなたです。その意味でも、よく知っているお店がいいのです。

## ◉話す内容を高めるトレーニング――自分の世界観を徹底的に見つめ直す

さて、ここまでの話は「話す状況」を作るというものでした。

実は、これは「情動的話し方のファーストステップ」にすぎません。いくら「話す状況」を上手に作れたとしても、話の内容がまったくつまらないものであれば、聞いている人にとっては「いい迷惑」です。

「話す状況」が作れるようになったら、「話の内容」にも力を入れる、次のステップに進みましょう。

次のステップの「話す内容」ですが、これには少し壮大な考え方を取り入れます。**あなた自身の人生観を見つめ直す作業**を伴います。

多数を前にしたスピーチであっても、一人を相手にした話であっても、単なる小手先の技術である「話し方」にこだわるのは、あくまでも相手に聞く耳をもってもらうための最初のステップです。せっかく相手が聞く耳をもってくれても、聞くに値しない話を続けられれば、やがて誰も聞いてくれなくなることでしょう。

**「話す内容」がすばらしければ、相手のほうから「この人の話ならしっかりと聞いてみたい」と思わせることができます。** こちらが細かい仕掛けをしなくても、相手が進んで聞きにきてくれるのです。

では、相手が聞いてみたいと思うような「話す内容」とはどのようなものなのでしょうか。それは、あなたの「世界観」です。あなたは、相手がぜひ聞いてみたいと思うような世界観をもっているでしょうか。

「そんな世界観なんてないよ」

そう思う人もいるかもしれません。でも、それは自分をきちんと見つめることをしていないだけです。実は、**世界観がない人などいません**。もちろん、他人が聞きたいと思う世界観かどうかはまた別ですが、何の世界観もないという人はいないのです。

「おいしいものが食べたい」も世界観ですし、「いい大学に入って、東証一部上場企業に就職したい」も世界観ですし、「家族を幸せにしたい」も世界観です。「麻雀は楽しい」も世界観ですし、「俺はパチンコがうまい」も世界観です。

**その世界に強い臨場感を覚えているものがあなたの世界観**になるわけですが、いい話にするためには、これらを**他人が聞きたいと思うレベルにまで昇華させる**必要があります。
そして、それを言語化するのです。

具体的には四つのステップを踏むことになります。

**1、自分を見つめなおして、自分の世界観を知る**
**2、その世界観を他人が聞きたいと思うレベルにまで昇華させる**
**3、昇華させた世界観に対する相手の臨場感を高める**
**4、世界観を言語化して話す**

これらについて、さらに詳しく見ていくことにしましょう。

まず、「1、自分を見つめなおして、自分の世界観を知る」ためには、「止観」が最も有効です。止観とは、仏教の天台宗の用語「摩訶止観」から来た言葉です。意味は、読んで字のごとく「止めて、観る」ということです。

何を止めて、何を観るのか。まず、何を止めるのかといえば、「煩悩」です。煩悩は私たちが何かを見ようとしたとき、その目を曇らせてしまいます。煩悩のフィルターを通して、偏見や先入観、固定観念で物事を見てしまいがちなのです。ですから、煩悩をひとまず脇に置いておいて、見る目の曇りを取り除きます。

では、煩悩を止めて何を観るのか。もちろん、自分自身です。この場合は、**自分の中にある世界観を見つけ出すために、自分自身を観る**わけです。

自分は普段、どんなことを考えているだろうか。それはどういう経緯でそう考えたのだろうか。ひょっとすると、誰かに操作されてはいないだろうか。誰かが意図的に、自分にそういう考えを植え付けたりはしていないだろうか。そんなふうに、一切のしがらみ＝煩悩を振りほどいて、自分を見つめます。

仏教の一部の宗派に「座禅（坐禅）」を行うものがありますが、この座禅は、止観をするのに最も適したものだと思っています。

よく、座禅というと、何も考えずに「無」の境地になれなどと言われます。何かを考えたとたんに「喝！」なんて言われて、警策（けいさく／きょうさく）と呼ばれる棒で叩かれたりしますが、この解釈はちょっと違います。

もし、無の境地、何も考えない状態が理想なら、眠っている状態や気絶している状態、あるいは植物状態が理想だということになってしまうでしょう。

そうではなく、座禅も「瞑想」と同じで、煩悩にとらわれずに集中して自分を観るためにあります。

止観は、心を落ち着け、**全身の力を抜いてリラックスし、ゆっくりと深い呼吸（逆腹式呼吸＝吸うときにお腹を凹ませ、吐くときにお腹を膨らませる）をしながら行うと効果的です**。自分は普段、どんなことを考え、どういう嗜好の持ち主で、どんなことを目指しているか、どんなことを望んでいるかなど、自分と世界との関わりについて、あれこれじっくり考えてみましょう。

すぐに結論が出なくてもかまいません。時間をおいて、繰り返しやってみましょう。やがて、自分の考えていることが、自分の中で少しずつ整理されていくことでしょう。

さて、止観によって自分の世界観（そのかけらくらいでも）を見つけることができたら、次は「2、その世界観を他人が聞きたいと思うレベルにまで昇華」させます。

これは簡単ではないかもしれませんが、抽象的な思考で、多くの人が納得するような、聞きたいと思うような世界観にまでもっていきます。

これはあくまでも例ですが、オバマ大統領はもしかしたら、一番最初（1のステップ）は単に「アメリカの大統領になりたい」というくらいの世界観だったかもしれません。それを「ダメになったアメリカを立ち直らせて、強いアメリカを復活させる大統領になりたい」という世界観にまで昇華させることができたので、多くの聴衆が熱狂するスピーチになったのではないでしょうか。

あるいは、これは最悪の例ですが、ナチス・ドイツのヒトラーは「ユダヤ人に対するアーリア人の優位性」という世界観を掲げて、民衆を熱狂させました。極悪な世界観でも、**環境が整えば、多くの人を熱狂させられる可能性が高くなる**のです。

ちなみに私は「世界から戦争と差別をなくしたい」という世界観をもっています。何を話すにしても最後はここに行き着きますし、ここから逸脱したことは絶対に話しません(話せません)。私の話に多くの人が熱狂しているかどうかは知りませんが、私が主宰するドクター苫米地ワークスに多くの人が参加されているのを見ますと、私の話を積極的に聞いてくれる人も少なくはないと思っています。

次の「3、昇華させた世界観に対する相手の臨場感を高める」ですが、このためにはまず、2までのステップで見つけられた世界観を「**できるだけシンプルな用語で表現する**」ことが大切です。できれば、一言で言えるくらいが理想です。

その裏に世界観がはっきりと見えるのであれば、抽象的な言葉でもかまいません。

オバマ大統領は「Change」「Yes we can」という言葉で、「強いアメリカをもう一度取り戻す」ということを表現しましたし、「I Have a Dream」という言葉でマーティン・ルーサー・キング牧師は、「人種差別撤廃と人種間の調和」を表現しました。このように、

**シンプルなメッセージが一つ入っていると、聞き手の臨場感はグッと上がります。**

さて、ここまでくれば「4、世界観を言語化して話す」というのは、それほど難しいことではありません。どんな話題になろうとも、最後は「あなたの世界観を表すシンプルな一言」につなげてしまえばいいでしょう。相手の臨場感が高まっていれば、どんな話し方でも伝わります。

先ほどのような結婚式のおじいさんの話でも、出席者にはオバマ大統領級の感動を与えたわけです。「夫のお墓に入れてうれしい」という表現でも「かわいい孫娘の結婚がうれしくて仕方がない」という世界観が伝わるのです。

この章での話は、まさに小手先のテクニックになりますので、どうしてもテクニックを磨きたいという人は、私のクラスでも教えています。ですが、それらはあくまでもテクニックであり、言語は単に必要不可欠なツールにすぎないことを忘れないでください。**世界観ができあがり、相手の臨場感を高められれば、あとは朴訥とでもいいので、その世界観を語ってみてください。きっとたくさんの人が、あなたの話を聞きたいと近づいてくるに違いありません。**

## ◉あなたの話に「calling」はあるか？

この「世界観」、日本人にはイメージが湧きにくいのかもしれませんが、キリスト教圏の人にとってはとてもわかりやすい概念です。

「calling（コーリング）」という言葉があります。

英和辞典を引いてみますと、「1、呼ぶこと」「2、召集」「3、訪問」のあとに、「4、天職、（……したいという）強い衝動［欲求］」「5、神のお召し、召命」とあります。

「召命」というのは、「神に呼び出されて新しい使命を与えられること」を言います。その人が神様に期待されていること、それが「calling」というわけです。

この自分なりの「calling」を一言で言い表したものが「世界観」になります。西洋的に言えば、あなたにとって、神に与えられた使命とは何かを考えることが、世界観を見つける手掛かりになるというわけです。現在の日本でなら、「自分の生きる目的」ぐらいに解釈したらいいでしょう。

キリスト教徒に「あなたのcallingは何ですか？」と尋ねたら、おそらくぎょっとされると思います。なにしろ、神に誓って成し遂げるべき使命ですから、「ありません」と答えることができない上に、中途半端な答えも許されません。

**「calling」というのは、「理念」とも言うべきかなり抽象度レベルの高いもの**なのですが、もう少し抽象度の低い「cause（コーズ）」という概念があります。これは、理念ではなく、具体的に「これをする、あれをする」というものです。

たとえば、「お年寄りが生きがいをもって生活できる世の中にする」というのが「calling」だとすれば、「高齢者福祉施設で介護の仕事をする」とか「高齢者福祉施設で人形劇を演じて回る」とか「政治家になって高齢者施設を充実させる」といったことが「cause」に当たります。「運動」とか「活動」といった日本語が近いでしょうか。特に社会的な活動に使われることが多い言葉です。

最近はボランティア団体がNPO法人となって、さまざまな活動をしていますが、「calling」がなくて「cause」だけの団体もちらほら見受けられます。本来は、誰にも受け入れられる「calling」があって、それを背景とした「cause」であるべきなのですが、まず「cause」ありきの団体も少なくありません。「あれをやる」「これをやる」もいいですが、どういう世界観でそれをやるのかがないと、芯の通った活動にはならないのではないでしょうか。

悪い例を挙げれば、ナチス・ドイツのヒトラーの場合は、巧妙に「cause」を「calling」に見せかけることで、大衆を納得させせました。

話し方の話に戻りましょう。

**「cause」を話すことで人は納得はしますが、感動はしません。「calling」がある話に人々は感動を覚えます**。

もしあなたが、結婚式でもなんでもいいですが、スピーチを頼まれたとしたら、それはあなたに聞くに値する「calling」があると期待されているということです。現在はまだ漠然とした状態かもしれません。でも、スピーチ当日まで自分を見つめて、「calling」を言語化しなければなりません。

もちろん、しっかりと自分を見つめて「calling」をもつという他に、ヒトラーのように「cause」を「calling」に見せかけるという方法もあります。私はどちらにすべきとは言いませんが、まあ、言わずもがなでしょう。

「calling」の見つけ方についても、具体的なことを少し書いておきましょう。まずは、五年後、十年後、「自分」はどうありたいかについて考え、紙に書いてみましょう（「書き込み式、calling発見プログラム」に具体的に記入してください）。次に、「自分」のところを「家族」に置き換えて、同様に紙に書いてみましょう。さらに、「友人」「職場の仲間」「会社」「業界」「日本経済全体」「日本全体」「アジア」「世界」というように置き換えて書

**●5年後に【　　　　　　】はどうありたい?**

**●10年後に【　　　　　　】はどうありたい?**

〈メモ〉

❶【　　　】内は、このページをコピーし、「自分→家族→友人→職場の仲間→会社→業界→日本経済全体→日本全体→アジア→世界」といったように、徐々に抽象度の高い概念に入れ替えて、記入欄に書き込んでいってください。

❷ 記入欄への書き込みが終わったら、本当にそれが自分の「calling」なのかどうかをチェックしましょう。他人に無理やり植え付けられた可能性のあるものは、自分のcallingでないものとして、消去します。

## ●書き込み式、calling発見プログラム

●5年後に【　　　　　　】はどうありたい?

［　　　　　　　　　　　　　　　　　　　　　　　　　　　　　　　　　　］

●10年後に【　　　　　　】はどうありたい?

［　　　　　　　　　　　　　　　　　　　　　　　　　　　　　　　　　　］

●5年後に【　　　　　　】はどうありたい?

［　　　　　　　　　　　　　　　　　　　　　　　　　　　　　　　　　　］

●10年後に【　　　　　　】はどうありたい?

［　　　　　　　　　　　　　　　　　　　　　　　　　　　　　　　　　　］

いてみましょう。

少しずつ抽象度レベルを高くしながら、その五年後、十年後を考えていくことによって、自然と「calling」の断片のようなものが見えてくるはずです。

ただし、このあと、**本当にそれが自分の「calling」なのかどうかをチェックする必要があります**。もしかしたら、他人に無理やり植え付けられたものである可能性もあるからです。他人に植え付けられたものはあなたの「calling」ではありませんから、それを話しても相手を感動させることはできません。

もっとまずいのは、偽物の「calling」を他人に植え付けてしまう可能性があることです。あなたがミニ・ヒトラーになってしまっては絶対にまずいのです。

他人から植え付けられたものを排除していって、もしも何も残らなかったら……もう一度、最初から「calling」探しをやり直してください。

自分を見つめる作業とは、あなたの人生そのものを見つめ直すことです。スピーチの準備に特別なものはいりません。**あなたの人生そのものがスピーチの準備なのです**。

# 情動的話し方番外編〈ケーススタディ〉

## ◉雑談で相手のゴールを引き出せ――自動車営業の場合

ここでは、これまでの話を実践の場でどう活かすかについて見ていきます。

まずは、営業マン向けに、営業トークを見ていきます。例として車の営業マンを想定してみます。

営業マンにとって最も大切なのは雑談です。

といっても、これは「雑談の間に仲良くなれ」という意味ではありません。**お客さんの求めるもの（目的＝ゴール）を探り、自分の売っている商品がその求めるものを満たすのだということを、きちんと説明するため**です（場合によっては、説明するのではなく、イメージを見せてあげるだけでいいこともあります）。車の営業なら、車のどういうところに魅力を感じるのか、そもそも何のために車が必要なのかを、雑談で聞き出すのです。

車の場合、だいたい次の四パターンくらいに分けられると思います。

**1、家族との（自分自身を含む）ドライブ用**
**2、デート用**
**3、ビジネス（接待ゴルフなど）用**
**4、経営者の税金対策用**

直接的に聞いてみてもいいですが、家族用と見せかけて、実は節税対策のために購入したいなんていう場合もありますので、雑談の中でそれとなく話題にしてみて、乗ってくるかどうかを見極めましょう。

相手のゴールがどれに当てはまるのかがわかったら、売りたい車がゴール達成には不可欠であることを語るだけです。相手のゴールの見極めさえ間違えなければ、あとは一つ一つ細かく説明していけばいいでしょう。

1なら、室内の広さとか、荷物がたくさん載るとか、キャンプ場で映えるとか、家族で使うシーンを想定したりして、ドライブで満足を得られる車であることを語ります。2なら、いかに女性に人気のある車種かを語ります。もし実際にはそれほど人気がないとしても、「こういうタイプの女性には人気」くらいの話はできるでしょう。3なら、ゴルフバッグがいかに楽にたくさん載せられるか、ゴルフ場の駐車場で他の車種とは違うという優越感を得られるか（単に高級車だということではなく、燃費とか、デザイン性とか、相手の抽象度に合わせて）などについて語ります。4なら、いかに社長っぽい車かとか、同車種に乗っている社長がどれくらい成功しているかとか、税務署がどういう印象をもつかなどについて語ります。

言葉ではなく、自然の中を家族と走るイメージの写真とか、女性を助手席に乗せている写真とか、ゴルフ場で楽しそうにしている写真など、イメージを喚起させるようなものを見せるだけでも効果が高いのですが、本書は「話し方」の本なので、一応、話し方のほうを中心に述べておきます。

もちろん、ここでも「話す状況」作りには注意が必要です。

**できるだけ、相手の視点で臨場感空間をリアルに感じられるようにしてあげましょう。**

お父さんに売るのなら、お父さんがハンドルを握って、家族を乗せて運転しているようなイメージを湧かせ、さらに外からどう見えるのかをイメージさせてあげられれば十分でしょう。

営業マンとお客さんとで、ゴールを共有できれば、もう「話し方」は関係なく、**ゴール達成のストーリーを丁寧に語ってあげればいいだけ**です。

## ◉上司のタイプと企業のゴールを見極めよ——上司へのプレゼン

次に、会社での話し方を見てみましょう。例として、新入社員が上司に自分の立てた新企画をプレゼンするというシーンを想定してみます。

新入社員がプレゼンの前にまずやらなければならないことは、**上司のタイプを見極める**ことです。これは営業マンが、お客さんの商品用途を見極めるのと同じです。

ただし、上司の見極めは二つのタイプのどちらかがわかればいいでしょう。二つとは、「いい上司」か「悪い上司」かです。

「いい上司」とは、企画を通すかどうかの基準が、純粋に会社の利益になるかどうかで判断する上司です。「論理」が通用する上司と言ってもいいでしょう。

「悪い上司」とは、企画を通すかどうかの基準が、会社の利益になるかどうかではなく、自分に忠実な部下かどうかとか、自分の好みに合った企画かどうかとか、企画提出者に企画に対する熱意があるかどうかといったことで判断する上司です。

「いい上司」の場合は「論理的話し方」、すなわち、「第一章　論理的話し方編」で解説したトゥールミンロジックで話せばいいでしょう。

このとき、大事なことがいくつかあります。

一つは、企画案を一つだけ出すのではなく、複数の選択肢を示して、上司に選んでもらうということです。**最終的な決定権は上司に持たせておくというのが、会社という組織が円滑に動くための重要なポイントです**。提案を一つしかしないで「イエスか、ノーか」と迫るのでは、上司の決定権を奪うも同然です。

もう一つ大事なことは、ビジネスにおいては「論理」に加えて**「社会的情動」も提示してあげる**ということです。

その企画を実行する社会的意義、その企画を実行することによって得られる会社の社会的評価、その企画を実行することで会社の社会的役割がどう高まるかなどの要素を加えるということです。その企画を採用すべきだとして提示するデータに、社会的情動に関するデータも含めておく必要があるでしょう。

近年は、ビジネスにも社会性が求められるようになっています。何でもいいから儲ければいいという時代ではなくなっているのです。ですから、必ず「社会的情動」の要素を「論理」に加える必要があります。

企画案を複数出し、それぞれについて、売上、コストを試算し、社会的情動を加えて、定性的、可能であれば定量的に示します。数字と社会的役割について提示し、上司が選びやすいようにしましょう。

社会的情動については、**企業が日頃から示しているような社会的なゴールがあると思います。それに合致しているようなものを示せればベスト**です。

これに対して、「悪い上司」の場合は、上司の類型に合わせていけばいいでしょう。これも、上司のゴールを把握して、そのゴールを共有するということになります。

自分に忠実な部下の企画ならすぐに通してしまうという上司なら、上司を酒の席にでも誘って、忠実な部下であることを徹底的にアピールするしかありません。

自分の好みに合った企画しか通さない上司なら、上司の好みを徹底的に分析して、企画案と上司の好みの共通点を探し出し、そこをアピールすることになります。

何かと「企画への情熱を見せろ」などという上司なら、情熱を見せるしかありません。自分がいかにその企画に深い思いをもっているかについてとくと語ります。

何度も言うように、残念ながら、世の中には「いい上司」よりも「悪い上司」のほうが圧倒的に多いのが現実です。上司自身が「悪い上司」に取り入って出世しているケースがほとんどだからです。自分が上司になったとき、部下に同じことを求めます。それまで「情動」でやってきて、それによる成功体験を積んでしまった人が、出世したとたんにいきなり「論理」に切り替わるということは、まずありません。

## ◉老夫婦の持つ三つのゴール——不動産営業の場合

次も営業マンなのですが、車でのセールスとはちょっと違って、地主に不動産の活用を促す営業マンの例を見てみます。

土地をもっている老夫婦に、土地を遊ばせておくのではなく、アパート経営してはどうかと営業するという例です。

この場合も、この老夫婦のゴールを探り出します。

パターンとしては三つぐらいが考えられると思います。

一つは、自分たちのために、年金代わりに土地を利用できたらいいというゴールです。この場合は、アパート経営をすることによって得られる利回りを示してあげるというのが基本になります。安定収入が得られるということを、データを示しながら、論理的に語ってあげましょう。もちろん、「論理的話し方」になりますから、表面的な話し方のテクニックは関係ありません。ここで「情動的話し方」をすると、詐欺と同じ手法になってきますから、注意してください。

二つ目は、自分たちの子どものために、不動産をいい形で残したいと考えているケースです。この場合は、アパート経営をすることによって、不動産の資産価値が上がることを示してあげればいいでしょう。もし、営業マンの話が信用できないという反応ならば、なるべく大手の都市銀行の銀行員を一緒に連れて行くと効果的です。アパート経営をするということになれば、アパートの建設資金などを銀行から借りることになりますから、普通の銀行マンなら喜んでついてきます。

たいていのケースがこれら二つのパターンに当てはまると思います。これらは相手が求めるであろう数字を示すだけで十分でしょう。

問題は第三のケース、資産が十分にあり、年金代わりとか子どもに資産を残したいとか、そんなことを一切考える必要がないという場合です。お金に関わる説得ではどうにもなりません。

ただ、こういう老夫婦はえてしてして寂しがっているものです。その場合は、営業マンがバーチャル息子（娘）になって、彼らの話し相手になってあげましょう。話し相手といっても、できる限り、聞き役に回るほうがいいでしょう。上手に話し相手になってあげる＝情動的話し方をしてあげることによって、あなたの言うことならなんでも聞くという状況が作れます。

なお、**これも一つ間違えると、詐欺同様の手口となりえます。実際に運用するにあたっては、くれぐれも十分な注意が必要になります。**

## ◉銀行マンのタイプを見抜け——賢く資金調達

次に、ベンチャー起業家などが銀行に開業資金を借りに行くというケースを想定してみます。

ここでも、前項で「いい上司」と「悪い上司」とを見極めたように、「本物の銀行員」と「偽物の銀行員」とを見極めます。

本物と偽物と言っても、別に偽物が「銀行員のふりをした詐欺師」だというわけではありません。

本物の銀行員というのは、銀行業とは何たるかを知っている銀行員ということです。偽物の銀行員とは、銀行業の本質がわかっていないような新人並みの銀行員ということです。

もう少し具体的に言いますと、本物は元本の回収よりも金利を継続的に取れればいいと考えます。偽物は元本の貸し倒れリスクを恐れて、貸した先の業績が悪化するや、あわてて元本の回収を考えてしまうのです。

偽物は、自分の客がもし貸し倒れになって不良債権化してしまうと、自分の審査能力を会社に疑われて出世に影響してしまうと考えるため、とにかく元本保証を第一に考えます。

こういうタイプの担当者に当たってしまった場合は、事業計画について細かく説明しても響きません。ひたすら、元本の安全性と、いざというときの担保の価値についての話をするしかありません。

それに対して、本物の銀行員の場合、元本の安全性や担保の話は後ろ向きの話題と取られかねません。「最初から事業に自信がないのか」と思われる恐れがあるのです。この場合は、**自分がこれからやる事業が、将来、いかに大きくなるかを語ります**。もちろん、データを揃えて、大きくなるというクレーム（主張）のためのワラント（保証）もしっかりと構築します。

そして、「事業が大きくなるので、あなたの銀行に常時このくらいの預金が残ることになり、その預金はこのくらいの期間でこのくらいの額にまで膨らむ」という話にもっていきます。

さらに「事業がこのくらいまで拡大すれば、さらに大きくするために再投資が必要になり、そうなったら、またあなたの銀行からお金を融資してもらうことになる」という話が入ってくれれば完璧です。

本物の銀行員は、お客さんにはたくさん借りてもらって、継続的に金利分を回収しながら、さらに借りてもらうというビジネスモデルを描きます。お金を貸して金利をもらうのが銀行の仕事とわかっているのです。銀行は貸してなんぼの商売。偽物の銀行員のように、元本を回収してしまったら、金利をとることができなくなってしまいます。

ちょっと余談になりますが、私の知り合いの起業家が、開業資金に銀行からお金を借りました。その会社はうまく軌道に乗り、大きな収益をあげました。すると、その起業家は何を血迷ったのか、銀行から借りたお金をきれいさっぱり返してしまったのです。

誰か有名な経営者の本でも読んで、「無借金経営」がいいことだと刷り込まれてしまったのかもしれません。ですが、「無借金経営」などいいことでも何でもありません。最初から自己投資ですべて賄ったのならまだしも、一度、銀行から借りているわけですから、銀行としては「長いお付き合い」を望んでいるはずなのです。

さて、この会社、その後も業績は非常によかったのですが、事業拡大を図ったことで瞬間的に資金繰りが悪化する事態が訪れました。この社長は、きれいに借金を返し、会社の業績もアップしているので、また以前のようにすぐにお金を貸してもらえるだろうと思い、同じ銀行を訪ねました。ところが、この会社は銀行に融資を断られてしまったのです。

社長があわてて私のところにやってきました。ことの経緯を聞いた私は驚きあきれて、しばらく声も出ませんでした。数秒の沈黙のあと、私は社長にこう言いました。

「銀行はお金を貸して、金利を取って商売しているんですよ。それなのに、業績がよくなったとたんにお金を返してしまったのでは、『もう、おたくの銀行とは取引しない』と言っているようなものじゃないですか。銀行に喧嘩を売っているのと同じですよ」

社長は「そんなバカな。業績が上がって借金を繰り上げ返済したら、次に借りるときの評価が上がると思っていたのに」と言っていましたが、まったく逆です。業績が上がったときこそ、**事業拡大のための資金をさらに借りるというのが、銀行との正しい付き合い方なのです**。

## ◉好きな相手の「眼中」に入ること――彼氏彼女が欲しい場合

最近は「婚活」などという言葉もあるようで、結婚相手を積極的に探し求める人が増えているようです。もちろん、結婚の前には、彼氏彼女探しとなるわけですが、「話し方」に興味を覚える人の中には、「話し方」次第で彼氏彼女が見つかりやすくなるのではないかと考えている人も多いようです。

しかし、「話し上手」＝「もてる」という方程式には必ずしもなりません。すでに書きましたが、大事なことはターゲットとなる相手にとって重要な人物になるということ、つまり**相手の眼中に入るということ**です。

相手の眼中になければ、何を話してもあなたは相手にとって特別な存在にはなれません。もし、職場で相手を探すのであれば、一緒に仕事をする人ではなく、彼氏彼女候補として見てもらう必要があります。基本的に会社では、あなたは仕事ができることを期待されて雇われているわけですから、職場の同僚たちも、あなたのことを仕事をする人として認識しています。彼氏彼女候補、あるいは結婚相手候補としては見ていないわけです。

**仕事をする人ではなく、結婚相手候補となりうる人物として見てもらうには、相手にそういう対象として認識してもらう必要があります。**

そうしない限りは、あなたが現場の男性で相手が仕事のできる人であればあるほど、ボールペンやホッチキスと同じ備品程度にしか認識されません。

このためには前にも書いたとおり、相手が興味のあることを話題にしたり、興味のあるものを近辺に置いたり（たとえば、相手が好きなブランドの服を着るとか）するのです。

ただし、もしあなたが女性で、旧財閥系企業のような大手企業で働いている人だとしたら、このような努力さえ不要です。会社の人事部が結婚相手を社内で見つけてきてくれることでしょう。あなたは、上司と不倫をするなどのマイナス要因を避ければ大丈夫です。もちろん、街で声をかけてくるような男に騙されるなどは論外です。じっと待っていれば、やがて結婚相手候補があなたのもとにやってきます。

## 第二章のまとめ

- 言葉そのものに確定した意味はない。
- オバマ大統領のスピーチが成功したのは、話す状況を上手に支配していたから。
- 相手があなたの話を好意的に聞いてくれる仕掛けをする。
- 相手のゴールを見極め、情動を引き出すこと。
- 話し上手な人は、話し方がうまいのではなく、「話す状況」を作ることが上手。
- あなたの存在が相手にとって重要なものであれば、話はうまく届く。
- 話す前に、相手をしっかりとプロファイリングすること。
- 相手がハイパーラポールを感じていれば、相手はあなたのどんな話にも熱狂する。
- 相手の五感を言葉で表現することで、ラポールは高まる。
- 自分の世界観を徹底的に見つめ直すことで、話す内容は強化される。
- 話に「calling」があれば、人は感動する。
- シンプルなメッセージが聞き手の臨場感を高める。

# 第三章

# 論理と情動を統合する〈究極の話し方編〉

## ◉より高い視点から「話し方」をコントロールする

ここまで、「論理的話し方」と「情動的話し方」について見てきました。そして、これらはけっしてごちゃごちゃにしてはいけないということも述べました。

これら二つの話し方は、本質的に矛盾関係にあります。矛盾関係にある二つの話し方を実際に上手に使い分けるためには、この二つをより高い視点からコントロールする必要があります。

高い視点でものを見ることを私は「抽象度を上げる」と表現しています。あるものごとを抽象度を上げてみると、それまで見えなかったいろいろなものが見えてきます。

すでに本書では、説明せずに「抽象度」という言葉を何度か使いました。わかってもらえているかと思うのですが、念のため、ここで抽象度について説明をしておきましょう。私の著書を読んだことがある読者には重複になりますが、初めての読者のためになるべくわかりやすく説明したいと思います。

抽象度とは読んで字のごとく、「抽象」の「度合い」のことです。どのくらい抽象化されているかの目盛りのことです。私は「抽象度が高い・低い」「抽象度を上げる・下げる」という表現を使いますが、「高い視点で見る」というのは「抽象度を上げて見る」というのと同じです。

「抽象」の対義語は「具体」です。抽象度が上がると具体度が下がります。逆に抽象度が下がると、より具体的になります。

たとえば、「アメリカンショートヘア」と「ロシアンブルー」がいたとします。この抽象度で見る限り、これらは別のものと言えます。しかし、抽象度を少し上げて見ると、どちらも「猫」であることがわかります。「アメリカンショートヘア」よりも「猫」のほうが抽象度が高いわけです。

ここに「ベンガルトラ」が現れたとします。これもまた違った種類の生き物ということになりますが、抽象度を上げて見ると、どれも「ネコ科」であることがわかります。

そこにまた、「シベリアンハスキー」が現れたとします。これは少し抽象度を上げても「犬」であり、「イヌ科」なので、別のものだということになりますが、実はもう少し抽象度を上げてみると、「ネコ科」も「イヌ科」も「ネコ目」であることがわかりますし、もう少し一般的に言えばどちらも「哺乳類」だということがわかります。

抽象度を上げて物事を見ることができると、それまでまったく違ったものとして見ていたものたちが、実は同じものだったということに気付くわけです。

抽象度はパソコンのWindowsのフォルダ構造に似た階層構造をもっています。今の例で言いますと、「哺乳類¥ネコ目¥ネコ科¥アメリカンショートヘア」という関係になっています(もちろん、もっと細かい階層のフォルダを作ることも可能です)。「アメリカンショートヘア」というフォルダは「ネコ科」というフォルダに含まれ、「ネコ科」フォルダは「ネコ目」フォルダに、「ネコ目」フォルダは「哺乳類フォルダ」に含まれます。「アメリカンショートヘア」フォルダの中には、「三丁目の山田さん家のタマ」とか「隣の家のミーコ」なんていうのが含まれるかもしれません。

こんなふうに、**抽象度を上げると、多くの要素をまとめてくくる概念が生まれ、その概念から個別の要素を見ると、個別に見ていたときと違った視点でものが見えるようになります。**

これは、「次元を高める」という考え方でも説明できます。

一次元とは直線のことです。一次元にいる人(そんな人はいませんが、一つの比喩です)は直線の上を行ったり来たりしながら、「自分は自由に動き回っている」と思っていることでしょう。その人にとって直線は世界のすべてですから、世界のすべてを自由に動き回れれば、「自分は自由だ」と思うのも仕方ありません。

しかし、次元を上げて、二次元の人から見たら、「なんて不自由なんだろう」と思うことでしょう。二次元の人は平面を自由に動くことができます。一次元の人の世界がｘ軸だとしたら、二次元の人の世界はｘｙ平面です。一次元から二次元に次元を高めた人は、ｘ軸から抜け出して、ｘｙ平面上を自由に動き回り、それまでいたｘ軸をｘ軸の外側から見ることができるようになります。世界が一気に広がると同時に、それまでいた世界を外側から俯瞰できるようになるわけです。

さらに、これを見ていた三次元の人は二次元の人を「なんて不自由なんだろう」と思うでしょう。三次元とは通常、私たちが生活しているこの空間を指します。三次元の人は空間を自由に動くことができます（人間が自由に空を飛べるのかという議論はここでは置いておきます）。三次元の人の世界はｘｙｚ空間です。ｘｙ平面から抜け出して、ｘｙ平面の外側からｘｙ平面を俯瞰できるようになるのです。

四次元に次元を上げても同じです。通常、四次元とは三次元空間に時間の概念を加えたものとされています。四次元の人は時間と空間（時空）を自由に動き回ることができます。そして、三次元から抜け出して、三次元の世界を外側から俯瞰して見ることができます。

これで終わりではありません。物理次元とは異なる方向に、次元を高めていくことができます。私はこれを「A次元」と呼んでいます。**常に、一つ高い抽象度でものごとを見られるようになると、世界を一気に広げることができ、いつでもものごとを俯瞰して見ることができるようになるのです。**

話し方においても、「論理的話し方」と「情動的話し方」の両方を包含する一つ上の階層（フォルダ）から両方を俯瞰して見ることで、両方をうまく使い分けることができるようになります。そして、あなた自身の「話し方」の世界が一気に広がります。あるいは、これら話し方の一つ上の次元から見ることで、外側からこれらを見ることができるようになります。

## ◉抽象度を上げるためのトレーニング方法

抽象度を上げてこれらの両方を俯瞰して見るには、実は意識状態、脳波の状態を使い分けるのですが、これは「言うは易く、行うは難し」でしょう。両方の意識状態を覚えておいて、それぞれを使う場面でその意識状態を思い出すということになりますが、これもやはり一つ上の抽象度でコントロールしないとうまくいきません。

日頃から抽象度を上げるトレーニングをしておくと、ここぞという場面でできるようになるので、簡単にできる抽象度アップ・トレーニングをいくつか紹介しておきましょう。

一つは、「目の前に見えるものを、一つ上の抽象度（次元）で見てみる」というものです。たとえば、目の前に本棚があったとしたら、その中の本を「本」として見るのではなく、「紙」と見たり、「情報媒体」と見たりします。コップを見たら、「器」とか、「ガラス」と見たりします。

これに慣れたら、次は何の関係もなさそうに見える二つのものをもってきて、その共通点を探します。たとえば、「Tシャツ」と「皿」のように、一見、まったく関係なさそうなものを二つもってきます。そして、それらの共通点を探すのです。「Tシャツ」と「皿」なら「両方とも水で洗うもの」なんていう共通点が考えられると思います。

共通点というのは、「Tシャツ」「皿」という視点よりも高い抽象度（次元）で見ないと見つかりません。共通点を探すという行為自体が、抽象度を高めるトレーニングになるわけです。

## ◉自分の欲を抑え、情動をコントロールする

「論理」と「情動」をコントロールしようと思ったとき、常に自分の欲は抑えておかなければなりません。**自分の欲を出してしまうと、その欲＝情動に自分がコントロールされてしまうからです**。話をするとき、自分の情動から自由にならない限り、両方をコントロールすることはできません。**セルフィッシュ（利己的）な目的＝ゴールは抑えて、自分のコントロール下におく必要があるわけです**。**そのためには、目的＝ゴールをアンセルフィッシュ（利他的）なものにするのです**。

たとえば、営業マンが「売りたい」というセルフィッシュなゴールに駆り立てられたとします。仮に、騙しに近い形で売ることができたとしても、そうした営業活動は長続きせず、誰も買ってくれなくなるのは時間の問題です。さらにセルフィッシュ度が高まれば詐欺的な商法もアリになってしまいますし、ひいては犯罪にもつながります。

また、論理を話し方に適用するのは正しいことである一方で、論理は、ある命題について、肯定でも否定でも、どちらでも成立させてしまうという両刃の剣です。すでにお話ししたように、「人を殺してはなぜいけないか」について、人を殺してもいい理由もありえてしまうというのがその例です。

経済学者のマルサスは『人口論』という本の中で、「人口の過剰は貧困（食料不足）を生み出す」と主張しています。この論理に基づくなら、「人類を貧困から救うためには、人殺しもアリ、いや積極的に人の数を減らすべきだ」という論理も成り立ちます。

このとき、最終的に判断する基準として、**「でも、死にたくないでしょ」という情動（自分個人ではなく、相手=聞き手の情動）なら利用してもいい**、ということです。

これは論理をコントロールする上でも利用できます。肯定、否定ともに論理構成が互角だった場合、決着がつかないこともありえます。そうなった場合に論理をコントロールするためのテクニックが、相手=聞き手の情動を利用することなのです。

繰り返しますが、このとき、**セルフィッシュな情動に支配されてはなりません。あくまでも、ゴールをアンセルフィッシュなものに据えるのです。**

なお、クラスで教えている自分の情動をコントロールする技もあるのですが、本では教えにくいのと、話し方という本書のテーマから少しずれてしまうため、ここでは紹介しません。

「論理的話し方」を身につけ、「情動的話し方」も知り、なおかつセルフィッシュな欲から自由になって、それらを高い次元からコントロールできたとき、あなたは誰からも共感を呼ぶ話し方ができるようになっているに違いありません。

本書を何度もお読みになった読者が、言葉で他人の共感を得、人を動かし、夢を手にすることができる「話し上手」になれることを、切に願っています。

### 第三章のまとめ

- より抽象度の高い視点で「話し方」をコントロールすることが重要。
- 抽象度が上がると、多くの要素をまとめて把握する力が生まれる。
- 思考を「A次元」に高めることで、人は自由になれる。
- 目の前にあるものを高い視点から見たり、共通点を見出すことで、抽象度は高まる。
- 情動をコントロールし、利己的な欲を抑え、利他的なものにゴールを置くこと。
- 「論理的話し方」を身につけたうえで「情動的話し方」を知り、コントロールすること。

（特別付録）

# 言葉は呪術

## ◉トレーニングのすすめ

少々極端な言い方になりますが、〝口下手で、あがり症で、対人関係もあまり得意ではない〟、本書は、そんなふうに自分のことを思ってしまいがちな人が手に取る書籍ではないかと考えています。

ですから、私は最初の時点で、口下手は恥ずかしいことではなく、日本人の多くは口下手であること、しゃべるのが上手だと思っている人がいるとすれば、それは実は単なる勘違いであり、うぬぼれに過ぎないという事実に触れました。本書を読み終わった現在、読者の口下手コンプレックスはだいぶ取れていることと期待しています。

口下手コンプレックスがなくなったら、次に行うことはワークです。

本書は読むだけでは意味がありません。練習こそが大切です。ですので、この『特別付録』を読むヒマがあれば、一つでも多くのワークを行うことを、私は強くオススメします。『特別付録』を読むのはそのあとでも十分です……と言っても、多くの人がなかなかワークに挑戦しようとしません。『ドクター苫米地の新・福音書』の『特別付録』でも、同じようなことを書いたと思いますが、ほとんどの読者は本を読むだけで満足してしまって、なかなかワークをしないのです。当然ながら、それではいつまでたっても話し方が上手にはなりません。

この『特別付録』ではワークをしたくなるような話をいくつか紹介したいと思います。

## ◉「うまくしゃべりたい」とはなにか？

さて、皆さんはなぜうまく話したいのでしょうか？

あなたがビジネスマンであれば、お客さんに商品を売りたいという思いからでしょう。あるいは、上司やクライアントに企画を通したい、そのためにも、うまくしゃべることは必須だと思っている人もいるでしょう。もっと単純に、自分は口下手で他人と上手に話せない、といった悩みを抱えている人もいるかもしれません。

目的は人それぞれでしょうが、ここで少し考えてほしいのは、うまくしゃべる、とはどういうことなのか、です。

それは顧客や上司、異性などとよどみなくしゃべることでしょうか？

もちろん、違います。よどみなくしゃべれたところでお客さんが商品を買ってくれなければ、それはうまくしゃべったことにはなりませんし、上司やクライアントがあなたの企画にうなずかなければ、流暢にしゃべったところで骨折り損です。

結局、うまくしゃべる、上手に話すとは、あなたの目的が成就することを言っているわけです。

このことは本書の中でも触れています。

それは「あなたと相手のゴールを共有できれば話し方など関係ない」という部分です。

それはそうでしょう。あなたと顧客、あなたと上司、あなたと異性、両者のゴールが同じになれば、あなたの目的は達成されるのです。この目的達成こそが上手にしゃべったことの証です。つまり、上手にしゃべったか否かは、流暢に言葉を操ったかではなく、望む結果をつかめたかで決まるわけです。

それでは、これを理解した上で、もう一度、うまくしゃべる、ということについて想像を巡らせてください。特に考えてほしいのは、うまくしゃべっている自分の姿です。

どんな映像が頭に浮かんできますか？

たぶん、誰を相手にしても動じず、生き生きとした表情で話している自分の姿でしょう。

もちろん、それで間違いはありません。うまくしゃべるとはそういうことですから、それを思い浮かべたところで問題はありません。

ただし、さきほどから言っているように、流暢に話していることと、あなたの目的が達成されることとは必ずしもイコールではありません。あなたが流暢にしゃべっている映像だけでは全然足らないのです。

一番大切なのは、あなたが話している相手の表情です。最も生き生きした表情をしているのは相手でなくてはいけないのです。極端なことを言ってしまえば、あなたの表情は暗くてもいいぐらいです。顧客や上司、クライアントなどが喜んでくれること。これこそがあなたがうまくしゃべったことの結果となります。

以上を踏まえた上で、うまくしゃべっている自分の姿をもう一度想像してみてください。すると、あなたと相手が生き生きとした表情をしている姿が浮かんでくるはずです。これがうまくしゃべることのゴールになります。

なぜ、こんな話をしているのかというと、「うまくしゃべることとは相手とゴールを共有すること」だとわかっていながら、ついつい頭で想像することは「流暢にしゃべっている自分」だけになってしまう人が多いからです。

人は自分のことが大好きですから、どうしても相手のことを忘れて〝上手にしゃべっている自分〟をほしがってしまいます。

実はここに上手に話すことができない、一番の原因があるのです。

## ◉ワークが続かない理由　その一

あなたは本書でうまくしゃべることではないと学びました。しかし、「うまくしゃべっている理想像を思い浮かべてください」というと、どうしても流暢に、颯爽《さっそう》としゃべる自分を思い浮かべてしまいます。

つまり、無意識のうちに、ゴールを〝流暢にしゃべる自分〟に据えてしまいます。だから、なかなか本書でオススメするワークが進まないのです。

なんとなれば、本書でオススメしているワークは一見すると地味だからです。たとえば、トゥールミンロジックのワークでは、あるテーマに対するクレーム、データ、ワラントといったものを書き込む作業です。これを賛成の立場、反対の立場で繰り返すわけですから、途中でしんどくなってやめてしまう人も多いでしょう。ディベートという舞台でもあれば、まだ頑張りようもありますが、独学で学ぶのは、苦しいものです。

また、自分と相手の共通のゴールを探す作業にしても、相手をよく観察し、好きなものを見極め、自分もその好きなものに精通することを求められたりします。相手の好きなものがたまたま自分にとって興味あるものであればいいでしょうが、自分が嫌いなものであった場合、「なぜ、私のほうからすり寄っていかなければいけないんだ」と途中でイライラするかもしれません。そうなってしまうと、やはり、ワークを続けていくことが難しくなってしまいます。

こういったネガティブな感情が湧き上がる理由が、さきほどから言っている「流暢にしゃべる自分」をゴールにしている、ということなのです。

そうではなく、上手に話すこととは、ゴールの共有です。それは相手の望むゴールを見つける作業であり、そのゴールをあなた好みに変えてしまう作業です。

つまり、自分だけでなく、相手があって初めて成立するのが「上手に話す」ことだということを、絶対に忘れてはいけません。

## ◉ワークが続かない理由　その二

「上手に話す」こととは、相手あっての物種《ものだね》だと理解できたと思います。

「よくわかった。それじゃあ、さっそく相手の望むものを探って与えよう」と多くの人は思うでしょう。

しかし、それが第二の間違いを引き起こす原因です。

相手の望むものを与えようという発想は、結局自分を曲げて、相手にすり寄ることになってしまいます。それでは、さきほども言ったように、途中でイライラしてきて長続きしません。たとえ、長続きしたとしても、それではあなたは相手の奴隷です。

「じゃあ、どうしたらいいんだ！　さっき、相手とゴールを共有しろと言ったじゃないか」と思うかもしれませんが、その考え方ではゴールの共有にはつながりません。あなたが勝手かつ一方的に相手のゴールを目指しただけで、本来の意味でのゴールの共有になっていないのです。

もちろん、相手の好みや望むもの、ゴールを知ることは大切です。

ただし、それを熟知した上で〝自分のゴールを達成すること〟が「上手に話す」ということなのです。

あなたも満足し、相手も満足するような新しいゴールを設定することを「ゴールの共有」というのです。

では、あなたにとっても相手にとっても新しいゴールとは、どうやって設定したらいいでしょうか？

それが本書で紹介してきたトゥールミンロジックであり、情動を動かす話し方を使うことなのです。

## ●嘘を暴くトゥールミンロジック

さて、それでは、そろそろ本文でも明かしていなかった大きな秘密を公開しましょう。

たぶん、読者の皆さんは本書を認知科学の知見などを利用した「話し方」の本だと思っていると思います。

しかし、タイトルをよく見てください。話し方トレーニングではなく、「超」話し方トレーニングとなっているはずです。また、『人を動かす「超」話し方トレーニング』というのが正式タイトルです。

『人を動かす「超」話し方』とはなんでしょうか？

実を言うと、それは洗脳なのです。

考えてみれば当たり前のことです。買う気がないお客さんに、自分が売りたい商品を買わせるように仕向けるのですから、これが洗脳でなくてなんでしょうか？　クライアントや上司を言葉で誘導し、自分の企画を選択するように操作するのです。洗脳以外のなにものでもありません。

つまり、『人を動かす「超」話し方』とは洗脳手法であり、特に言葉にこだわった洗脳方法を具体的に解き明かした禁断の技術書が、本書だったのです。

「そんな危険なものを教えたのか！」と思った方もいらっしゃるでしょうが、そもそも洗脳とはなんでしょうか？

多くの人はオウム真理教などで使われた邪悪な技術と考えてしまいます。

しかし、洗脳技術のほとんどは良いことに使われていますし、人間は誰しも良い洗脳技術を使ってこれまで生活してきています。

たとえば、代表的な良い洗脳技術に「友達を作る」が挙げられます。初対面の人同士が仲良くなっていく過程にあるのは、共通の趣味があるかないか、好きなもの、嫌いなものが同じか否かの探り合いが必ずあります。その内容次第で今後付き合っていきたいと思うか、思わないかが決まってきます。要は、お互いに対する知識の吸収とゴールの共有です。ゴールが共有できれば友達になれるのです。

逆に悪い洗脳とは、自分のゴールを押し付けることです。そこに共有の概念はありません。カルト教団は自分たちの教義を絶対に正しいものだとして人に押し付けます。従わなければ攻撃する場合すらあります。世界中で起きている戦争はそれが原因になっていることが多々あります。

それでは「買う気がないお客さんに、自分が売りたい商品を買わせるように仕向ける」ことは良い洗脳なのか、悪い洗脳なのか、どっちでしょうか？

とても微妙なところです。お客さんが潜在的に欲しかったものを見つけ、その欲望を刺激することで購買心を高めることは悪いことではないでしょう。しかし、顕在的にも潜在的にもお客さんが欲しがっていないものを売りつけるのは悪い洗脳といえます。なぜなら、そこには嘘が必ずあるからです。

ですから、洗脳手法に良い悪いはありません。その技術を使う人が嘘をついた時に問題が発生するのです。

そして、ここで助けになってくれるのが、本書で紹介したトゥールミンロジックです。

トゥールミンロジックは嘘を見抜くにはとても効果的な論法です。なぜなら、嘘が必ずある三段論法を否定することで出来た手法だからです。

なぜ、三段論法に嘘が必ずあるのかというと、演繹《えんえき》法が持つ構造的欠陥に由来します。演繹法は「絶対的に正しい何か」を起点にして論を進めていきます。たとえば、少子化問題がその典型で、いきなり何の理由もなく、少子化は悪いと決めつけています。そこから議論をスタートさせているから、どうやって出生率を上げればいいのかの議論しか起きません（現実には少子化に問題はないというデータはいくつもあります）。これが演繹法＝三段論法の欠陥です。

しかし、トゥールミンロジックは違います。少子化は本当に問題なのか、というデータの検証が必ず入ります。三段論法の嘘を暴くことができるのです。トゥールミンロジックは国民全員が身に付けてほしいテクニックだと私は思っています。

本書では、このトゥールミンロジックを最初に紹介しているところが重要です。まずは嘘を暴く方法を紹介し、そのあとに情動を操作する禁断の方法を伝えています。

「トゥールミンロジックは難しそうだから」という理由で避けたりせず、情動を操る方法とセットで身につけることがとても重要だということを、ぜひとも理解してください。

では、第二章で紹介した情動を操る方法はどうでしょうか？

こちらも認知科学、宗教、エリクソン法などの集大成ですから、強力であることは間違いありません。ですから、十分注意して使用してほしいと思います。

## ◉禁断の書

そもそも、言葉は強烈な洗脳ツールです。催眠術で使うのも言葉ですし、宗教でもそうです。

事実、新約聖書には左のような文言があるぐらいです。

「初めに言があった。言は神と共にあった。言は神であった。この言は、初めに神と共にあった。万物は言によって成った。成ったもので、言によらずに成ったものは何一つなかった。言の内に命があった」（『新約聖書新共同訳』より）。

これは新約聖書のヨハネによる福音書の冒頭部分です。〝言葉は重要である〟〝世界は言葉によってできている〟という認識は、すでに二〇〇〇年ほど前からあったことがこれでわかります。

一神教の人々が、神そのものであると言い切ってしまっている言葉。その意味するところは、とてつもなく大きいものです。

いまや世界中を席巻しているキリスト教は、その布教能力において他の宗教に追随を許しません。圧倒的な折伏《しゃくぶく》力は言葉の持つ意味を理解し、積極的に使ってきたがゆえです。

実際、私たちが住んでいるこの世界は言葉によって構築されています。お金などはその最たるもので、たとえば、「一〇〇円あげるよ」と言われるよりも「一万円あげるよ」と言われるほうが嬉しい理由は、一〇〇円という言葉が持つ意味と、一万円という言葉が持つ意味を理解しているからです。

しかし、お金の価値をよくわかっていない幼児には、一万円と一〇〇円の差はたいしてありません。硬貨である一〇〇円のほうをメダル感覚で欲しがるかもしれないぐらいです。

言葉が世界を形作っている事例には、ほかにこんなものもあります。あなたが、レストランに入ってテーブルの上に座らないのはテーブルが座るものではなく、料理を置く場所であると認識しているためです。別にテーブルに座っても壊れたりしませんし、立つことだって可能です。しかし、誰もそれをしないのは、テーブルが食事のための場所だという情報を多くの人が共有しているからです。

まさに、「万物は言によって成った。成ったもので、言によらずに成ったものは何一つなかった」ということです。

そして、言葉による情報に私たちは縛られ、規定され、律されるのです。ヨハネの福音書がはからずも指摘したように「言の内に命」が宿るのです。

言葉とは強力な呪術なのです。

## ◉言葉の力を使う

話し方を学ぶということは、強力な呪術の使い方を学ぶことでもあります。

特に第二章の情動を揺り動かす方法論は、洗脳手法の基本であり、人を操るためのカラクリを述べています。

そういう目で、もう一度、本書を読み直してみてください。

人間とはどうすれば操作できるのか?に関する多くの知見が、そこに散りばめられていることがわかってくると思います。タイトルどおり『人を動かす「超」話し方』を嘘偽りなく伝えているのです。

つまり、本書のワークをしっかり練習してもらえば、あなたは言葉を使って他人を動かすようになれるのです。

そんな手法を手に入れてみたくはありませんか?

もちろん、本書で公開しているものはあくまでベーシックなテクニックばかりです。しかし、認知科学の知見に加えてミルトン・エリクソン的内部表現の書き換え、仏教的手法などをもとにしていますから、効果は高いのです。

あなたが学んだもの、読んだものとはそういう技術だったということです。もう一度読み直して、ワークにも取り組んでみようと思いましたか?

もしも、思ったら、肩慣らしにいまから紹介する簡単なワークにチャレンジしてみてください。

## ◉すべての人の話し方はトゥールミンロジックで終わる

まずは、トゥールミンロジックに挑戦してみましょう。

といってもひるまないでください。ここで紹介するのは簡単な「町内会バージョン」です。

あなたは今年から、ある町内会の役員となったと思ってください。

初めての町内会会議で、いきなり難問が持ち上がります。なんと「三丁目の交差点で最近オバケが出る」というのです。しかも、「町内会費を使ってお祓《はら》いしましょう」という意見が提出されました。「なにをバカな」と思っていたら、結構オバケの目撃者が多く、お祓いが実行されそうな雰囲気です。

この時、あなたはどうしますか？

トゥールミンロジックを使って考えてください。


まずは反対の立場です。

お祓いに反対するにはデータの検証が必要になります。つまり、目撃者は本当にオバケを見たのか？　当然目撃者は「見た」と主張するでしょう。本当のディベートであれば、データを示した上での主張を展開するわけですが、町内会の会議ですから、それは望めません。目撃者が「見た」と言ったら、もうそれは「見た」であってひっくり返すことはできません。

また、オバケが出るデータとしては、三丁目の交差点で男性の飛び込み自殺があり、それ以来オバケが出るということでした。目撃者は、皆、その男性の幽霊を見たというわけです。ちなみに、あなたはすでに、「オバケなんか実在しませんよ」などといった議論はしても無駄だと判断しています。

では、次にワラントを検証しましょう。ワラントとは日本語で「考え方」と訳すと理解しやすいでしょう。この場合で言えば、オバケを見てなぜ怖がるのか？という部分です。町内会の人たちはどうやら祟《たた》りを恐れているようです。別に町内会全体で例の男性を村八分にしたわけでもないのですが、やっぱりオバケは怖いでしょう、という迷信がすっかり町内会にはびこってしまっています。

そして、クレームが「町内会費を使ってお祓いをしよう」というものです。はっきり言って、これはお金の無駄以外のなにものでもありません。オバケも実在しないし（科学的に証明されたことはありません、という意味です。科学がすべてを解き明かすことができるかはまた別の話です）、祟りもありませんから、お祓いをどんなにやっても無駄です。

つまり、あなたが町内会の意見に反対するのであれば、オバケはいない、祟りは起きないというデータを揃える必要があります。また、お祓いしたことで祟りが本当に収まるのか、その効果に関するデータも揃えておくべきでしょう。

ワラントでは「お祓いをすることで近隣の町内会から変な目で見られる可能性があること」「大事《おおごと》にすることで、男性の自殺の原因が実は町内会のイジメにあったなどといった悪い噂が広がる可能性もあること」「不吉なのは三丁目の交差点ではなく、三丁目全体だと見られる可能性はないか」「単純に事件を蒸し返すことにならないか」といったことが挙げられ、これらに関するデータを揃えることも重要になってくるでしょう。

要は、「祟りよりも近隣の評判が落ちるほうが怖くないですか」というクレームを展開していく方法です。

一方、賛成するのは簡単です。

クレームは「お祓いすることで町内会の人々の気持ちが安まるのであれば、別段高いお金でもないし、町内会の多くが納得しているならお祓いすべき」というものです。データは、お祓いを行った人々が普通の生活に戻れているかどうかを調査し、近隣の市町村が変な目で見ていないかも調査すればわかるでしょう。お祓いの値段や相場も確認しておくべきかもしれません。

以上は本来ディベートで使用するテクニックですから、それをそのまま現実の問題にスライドさせることはできません。そうではなく、ここで紹介しているのは議論のエッセンスなのです。データ、ワラント、クレームの三つの枠組みを使って、賛成派、反対派の意見を自分で構築してみることがワークとして重要になってきます。

また、自身の好みにかかわらず、賛否両論を自分の中で持つことは、ひとつ上の視点、ひとつ上の抽象度を持つことにつながります。

そうすることで、あなたは上手に話すことを実現できるようになっていくのです。

## ◉情動的な話し方のポイント

では、最後に情動的な話し方のポイントを見ていきましょう。

情動的に話すために一番重要なことは何度も言っているように「ゴールの共有」です。ゴールの共有とは、あなたと相手がともに納得できる新しいゴールの設定です。よって、情動的な話し方のポイントとは、互いに納得できるゴールをどうやって作るか、です。ここにすべてが集約されています。

これについての詳細はすでに本文に書いてあるので、もう一度よく読んでほしいのですが、一つだけ強調すると、相手のゴールを知り、自分の提供するものがそのゴールに合致するものだと思わせることが重要です。

たとえば、レストランを開業したいと考えた時に、お客さんがなにを求めているか、です。お客さんの求めるものは地域や環境によって変わってきます。あなたが提供できるものは、それに合致しているでしょうか？　考える点はここです。

そして、こうしたことを「考えること」自体が、「会話」だということを理解してほしいのです。

繰り返しになりますが、流暢にしゃべることが上手に話すことではありません。時には沈思黙考することが上手に話すことでもあるのです。あるいは、相手のことを徹底的に調べることが相手との対話になっているということを理解してください。

相手を知るということ。これが『人を動かす「超」話し方』の最初であり、すべてに通じるのです。

それでは、書を捨て、〝話に〟いきましょう！

[著者プロフィール]

**苫米地 英人**（とまべち・ひでと）

1959年、東京生まれ。認知科学者（機能脳科学、計算言語学、認知心理学、分析哲学）。計算機科学者（計算機科学、離散数理、人工知能）。カーネギーメロン大学博士（Ph.D.）、同CyLab 兼任フェロー、株式会社ドクター苫米地ワークス代表、コグニティブリサーチラボ株式会社CEO、角川春樹事務所顧問、中国南開大学客座教授、苫米地国際食糧支援機構代表理事、米国公益法人The Better World Foundation 日本代表、米国教育機関 TPI ジャパン日本代表、天台宗ハワイ別院国際部長、公益社団法人自由報道協会 会長。マサチューセッツ大学を経て上智大学外国語学部英語学科卒業後、三菱地所へ入社。2年間の勤務を経て、フルブライト留学生としてイエール大学大学院に留学、人工知能の父と呼ばれるロジャー・シャンクに学ぶ。同認知科学研究所、同人工知能研究所を経て、コンピュータ科学の分野で世界最高峰と呼ばれるカーネギーメロン大学大学院哲学科計算言語学研究科に転入。全米で4人目、日本人としては初の計算言語学の博士号を取得。帰国後、徳島大学助教授、ジャストシステム基礎研究所所長、同ピッツバーグ研究所取締役、ジャストシステム基礎研究所・ハーバード大学医学部マサチューセッツ総合病院 NMRセンター合同プロジェクト日本側代表研究者として、日本初の脳機能研究プロジェクトを立ち上げる。通商産業省情報処理振興審議会専門委員なども歴任。現在は自己啓発の世界的権威、故ルー・タイス氏の顧問メンバーとして、米国認知科学の研究成果を盛り込んだ能力開発プログラム「PX2」「TPIE」などを日本向けにアレンジ。日本における総責任者として普及に努めている。著書に『仮想通貨とフィンテック～世界を変える技術としくみ』（サイゾー）、『「感情」の解剖図鑑：仕事もプライベートも充実させる、心の操り方』、（誠文堂新光社）、『2050年 衝撃の未来予想』（TAC 出版）など多数。TOKYO MX で放送中の「バラいろダンディ」（21時～）で木曜レギュラーコメンテーターを務める。

苫米地英人 公式サイト http://www.hidetotomabechi.com/
ドクター苫米地ブログ http://www.tomabechi.jp/
Twitter http://twitter.com/drtomabechi (@DrTomabechi)
PX2については http://bwf.or.jp/
TPIEについては http://tpijapan.co.jp/
携帯公式サイト http://dr-tomabechi.jp/

苫米地英人コレクション7
人を動かす[超]話し方トレーニング
劇的な成果が手に入る驚異の会話術

2019年3月1日 初版第一刷発行

著　者　苫米地英人
発行者　武村哲司
発行元　株式会社開拓社

〒113-0023 東京都文京区向丘1-5-2
電話 03-5842-8900（代表）
振替 00160-8-39587
http://www.kaitakusha.co.jp/

印刷・製本　中央精版印刷株式会社


ISBN978-4-7589-7057-0